Kronprinzessin Cecilie
Erinnerungen

Cecilie

Kronprinzessin Cecilie

Erinnerungen

Koehler & Amelang
München Berlin

Meinen Kindern

Die Deutsche Bibliothek – CIP-Einheitsaufnahme
Ein Titeldatensatz für diese Publikation ist bei
Der Deutschen Bibliothek erhältlich

Gestaltung: Bauer + Möhring, Berlin
Satz: Susanne Lomer, Berlin
Druck- und Bindearbeit: Friedrich Pustet, Regensburg
ISBN 3-7338-0304-3

Inhaltsverzeichnis

Meine Herkunft 7
Im väterlichen Schloß zu Schwerin 26
Gelbensande 46
An der Riviera 67
Erziehung und Unterricht 100
Sommerfahrten nach Rußland 123
Michaelowskoe, die Heimat meiner Mutter 135
Am Zarenhofe 152
Reisen mit meinem Großvater 166
Meine Brautzeit 181
Meine Hochzeit 207
Bis zur Silberhochzeit 228

Bildnachweis 256
Stammtafel 258

I.
Meine Herkunft

Das Mecklenburgische Großherzogliche Haus, aus dem ich hervorgegangen bin, war durch verwandtschaftliche Beziehungen eng mit zwei anderen Herrscherhäusern verbunden: mit dem Preußischen und dem Russischen.

Hatte schon im Jahre 1799 der spätere Erbgroßherzog Friedrich Ludwig in Helene Paulowna, der Tochter Kaiser Pauls I., eine russische Großfürstin heimgeführt, an die noch heute das marmorne Mausoleum im Park zu Ludwigslust erinnert, so knüpfte beider Sohn, Paul Friedrich, die Beziehung zwischen Mecklenburg und Preußen, als er im Jahre 1822 Prinzessin Alexandrine heiratete, die Schwester Kaiser Wilhelms I. und der Kaiserin Alexandra (Charlotte) von Rußland. Die Söhne der Prinzessinnen Alexandrine und Charlotte, nämlich Großherzog Friedrich Franz II. und Großfürst Michael Nikolajewitsch, sind meine Großväter geworden, so daß ich durch meine beiden Urgroßmütter von der Königin Luise abstamme.

Eine neuerliche Verbindung mit Rußland sollte schließlich der Anlaß zur Heirat meiner Eltern werden. Meines Vaters Schwester Marie war 1874 dem Großfürsten Wladimir als Gattin in dessen nordische Heimat gefolgt. Gelegentlich eines seiner häufigen Besuche bei seiner Schwester in St. Petersburg lernte mein Vater, der damalige Erbgroßherzog, spätere Großherzog Friedrich

Franz III. von Mecklenburg-Schwerin, die junge Großfürstin Anastasia Michailowna kennen und lieben. Im Mai 1878 hielt er um Mamas Hand an, und dreiviertel Jahre später, am 24. Januar 1879, fand im Winterpalais zu St. Petersburg die Trauung meiner Eltern nach lutherischem und orthodoxem Ritus statt. Nach einer Reihe prunkvoller Feste führte mein Vater seine schöne junge Frau in seine mecklenburgische Heimat.

Das junge Paar wurde bei seinem Einzug in Schwerin am 8. Februar von der städtischen und ländlichen Bevölkerung des Großherzogtums mit herzlicher Teilnahme begrüßt. Denn mein Großvater, Großherzog Friedrich Franz II., der damals im 3. Jahre seiner Regierung stand, hatte ein Herz für alle, er tat alles für sein Volk, und sein Volk lohnte es ihm, indem es ihn wie einen Vater liebte und sich dem Herrscherhaus innig verbunden fühlte.

Als Sohn der Schwester Kaiser Wilhelms I., Alexandrine, war mein Großvater in hohem Maße preußenfreundlich eingestellt. Von dieser Gesinnung hat er sein ganzes Leben hindurch persönlich und politisch Zeugnis abgelegt. Schon den Krieg gegen Dänemark von 1864 hatte mein Großvater, da Mecklenburg neutral blieb, wenigstens für seine Person mitgemacht, und zwar im Stabe des als »Papa Wrangel« bekannten preußischen Generals. In treuer Waffenbrüderschaft haben dann die preußischen und mecklenburgischen Truppen im Kriege von 1866 Schulter an Schulter gefochten. Im Kriege gegen Frankreich 1870/71 nahm der Großherzog selbst zunächst als Korpsführer an der Belagerung von Metz teil. Seine erfolgreiche Führung in den späteren Kämpfen gegen die französische Loire-Armee hat ihm den ehrenden Beinamen des »Siegers von Orléans« verschafft. Im Spiegel-

Friedrich Franz II. (1823-1883)
Großherzog von Mecklenburg-Schwerin

saal zu Versailles hat das Vertrauen in Preußens Führung seine Krönung gefunden, und der Glaube an Preußen hat meinen Großvater bis an sein Lebensende erfüllt. Dazu kamen die engen Familienbande, die die Häuser Preußen und Mecklenburg seit langem in Freud und Leid vereinten. Sie sind schließlich durch meine Heirat von neuem geknüpft worden und sind es geblieben bis auf den heutigen Tag. Es vergeht kein Familienfest im Hause Doorn und in Ludwigslust, an dem nicht wechselseitig herzlicher Anteil genommen wird. Daß mein Bruder und ich 1929 den 70. Geburtstag meines Schwiegervaters, Kaiser Wilhelm II., mit dem durch alle Schicksalsschläge ungebeugten Geburtstagskinde gemeinsam begehen durften, erschien mir wiederum als eine Bestätigung der alten Tradition.

Meine Großmutter Auguste, eine Tochter des Prinzen Heinrich XIII. Reuß j.L., habe ich selbst nicht mehr gekannt. Sie war früh verstorben, nachdem sie ihrem Gemahl sechs Kinder geschenkt hatte, von denen vier am Leben blieben: der Thronerbe, mein Vater, die Söhne Paul Friedrich und Johann Albrecht, der spätere Regent von Mecklenburg und dann von Braunschweig, sowie eine Tochter Marie, die schon erwähnte Großfürstin Wladimir. Mein Vater hat von seiner Mutter eine starke Innerlichkeit geerbt, Klarheit und Sicherheit des Wesens, Freudigkeit im Schaffen und Wirken für Land und Familie, und nicht zuletzt seine wahrhafte Frömmigkeit. Es ist kein Zweifel, daß meine Großmutter den meiner Familie eigenen geistigen Typus geprägt hat; mein Vater ist völlig in ihrem Geiste erzogen worden.

Großmama Auguste war im Hirschberger Tal, angesichts der Schneekoppe, im lieblichen Stonsdorf aufge-

Auguste (1822-1862)
Großherzogin von Mecklenburg-Schwerin,
geborene Prinzessin Reuss-Schleiz-Köstritz.
Erste Frau von Friedrich Franz II.

wachsen. Dort blühte ein reges geistiges Leben innerhalb des Verwandtenkreises, der auf den benachbarten Gütern meist den Sommer verbrachte: auf Fischbad die hessischen Verwandten, auf Jannowitz die Stolbergs, auf Neuhof die nahen Verwandten Reuß. Bestimmend in ihrem Kreise war das weibliche Element, die Frauen gaben ihm jene feinsinnige Note, die auch meine Großmutter auszeichnete. Es ist für mich stets eine große Freude, in Stonsdorf bei meinen Verwandten die Erinnerung an meine Großeltern treu gewahrt zu finden.

Die zweite Ehe meines Großvaters fand durch den Tod der Großherzogin, der geborenen Prinzessin Anna von Hessen-Darmstadt, bei der Geburt ihres ersten Kindes, einer Tochter, ein frühes Ende. Auch diese ist sehr jung, erst sechzehnjährig, gestorben; sie wurde in unserer Familie fast wie eine junge Heilige verehrt.

Seine dritte Gemahlin hat meinen Großvater um Jahrzehnte überlebt. Es war die Großherzogin Marie, geborene Prinzessin von Schwarzburg-Rudolfstadt, von uns Enkeln verehrt und geliebt als »Großmama Marie«. Sie war eine stille, von Natur einfache und bescheidene Frau, von tiefer Religiosität und vornehmer innerer Bildung. Ihr ungemein feiner Herzenstakt ließ sie Intrigen und Klatsch aus Herzensgrund hassen und nie was Nachteiliges von ihren Mitmenschen glauben oder gar sagen. Sie besaß eine große Ruhe in ihrem Wesen, blieb sich immer gleich, war in allem maßvoll und bemühte sich, stets gerecht zu sein. In ihrer Jugend war Großmama Marie eine tüchtige Leiterin und ist bis in ihre späteren Jahre eine ausdauernde Bergsteigerin gewesen. Mit offenen und verständnisvollen Augen schaute sie Kunst und Natur und machte gern mit meinem Großvater zusammen weite

Reisen, wie 1872 eine in den Orient mit allen damals damit verbundenen Strapazen. Früh erkannte sie Wagners Genialität und gehörte, ohne engagierte »Wagnerianerin« zu sein, bis zum Weltkriege zu den treuesten Besuchern Bayreuths; sie hatte mit meinem Großvater seinerzeit bereits den ersten Festspielaufführungen beigewohnt. Für Liebhabertheater hatte sie eine große Vorliebe und verstand es, sowohl selbst sehr geschickt zu spielen wie auch Regie zu führen.

Sie ging auf in der Arbeit für die wohltätigen Vereine und Anstalten des Landes, die ihre Entstehung zum Teil dem Kriege von 1870 verdanken. Sie war u. a. Schutzherrin des »Marien-Frauenvereins« in Mecklenburg; auch im Namen des »Marienhauses« in Schwerin, eines Schwestern- und Krankenhauses, das sie gegründet hat, lebt die große Verehrung fort, die sie zu Lebzeiten im Lande genoß.

Großmama Marie hatte meinem Großvater ebenfalls vier Kinder geschenkt: Elisabeth, die spätere Großherzogin von Oldenburg, Friedrich Wilhelm, der 1897 mit einem Torpedoboot unterging, Adolf Friedrich, der nachmalige Gouverneur von Togo, und Heinrich, der Prinz der Niederlande und Gemahl der Königin Wilhelmine.

Der Hof meiner Großeltern bestand aus Mitgliedern des Landadels und des Militärs. Obgleich er den Charakter einer vornehmen Hofhaltung großen Stils trug, die in ihrer Einrichtung der Berliner nachgebildet war, trat das höfische Zeremoniell keineswegs als kulturhemmend oder als Zwang in Erscheinung. Kunst und Wissenschaft wurden aus innerster Überzeugung gepflegt, ihre Vertreter wie gute Freunde stets gastfrei empfangen und hoch geehrt. Besondere Sorgfalt verwendete mein Großvater auf den Ausbau des Schweriner Hoftheaters, dessen Aufstieg in den Annalen der Theatergeschichte ehrenvoll verzeichnet steht. Alljährlich stellte er aus seiner Schatulle hohe Summen zur Verfügung, um diese Stätte deutscher Kultur zu fördern und auf der Höhe zu erhalten. Durch seine drei hochbefähigten Intendanten Friedrich von Flotow, den Komponisten der Opern »Stradella« und »Martha«, sowie die Dichter Gans Edler zu Putlitz und Alfred von Wolzogen ließ er erste Künstler, wie Hill, Anton Schott u. a., berufen, die von dem hohen künstlerischen Range seines Theaters zeugen. In erster Linie fand die Oper in Schwerin liebevolle Pflege. So gelangten Wagners Werke stets bald nach ihrem Erscheinen in Schwerin zur Aufführung; die »Walküre« wurde sogar nach der Uraufführung zur ersten Aufführung außerhalb Bayreuths erworben. Aber mein Großvater wollte auch, daß das Schöne und Wertvolle, das er geschaffen hatte, allen, auch seinen weniger bemittelten Untertanen, zugute kommen sollte; er ließ daher die Eintrittspreise so gering ansetzen, daß sie für jeden erschwinglich waren. Mit Freuden opferte er – auch hier der treusorgende Regent – aus Eigenem, um seinen Landeskindern künstlerische Genüsse zu verschaffen.

Aus seiner tiefen christlichen Gesinnung erwuchsen die beiden Eigenschaften, die ihn vornehmlich auszeichneten: Pftichttreue und Furchtlositgkeit. Als 1882 im Hoftheater während der Vorstellung der große Brand ausbrach, blieb er ruhig in seiner Loge stehen, mahnte die Zuschauer zur Ruhe und Besonnenheit, bis der letzte das Haus verlassen hatte, und leitete dann selbst die Rettungsarbeiten. Damit gab er ein schönes Beispiel von Unerschrockenheit und Verantwortungsbewußtsein seinem Volke gegenüber.

Die preußische Tradition am Schweriner Hofe erschien sozusagen verkörpert in meiner Urgroßmutter, der Großherzogin Alexandrine, Schwester Kaiser Wilhelms I. und Tochter der Königin Luise. Meine persönlichen Erinnerungen an die alte Dame sind zwar wenig deutlich, da ich erst sechs Jahre alt war, als sie starb; ich habe jedoch so viel von meinen Verwandten und aus ihrer langjährigen nächsten Umgebung von ihr gehört, daß ich es mir nicht versagen kann, ihr Bild, so wie es sich mir gestaltet hat, festzuhalten.

Seit dem frühen Tode ihres Gemahls, des Großherzogs Paul Friedrich, bewohnte meine Urgroßmutter das Alexandrinenpalais am sogenannten Alten Garten; es war eine sehr bescheidene Behausung, innen aber urgemütlich. Die Stuben waren angefüllt mit Nippes, bunten Glasgefäßen und – unzähligen Porzellanmöpsen, die mich als Kind immer wieder entzückten, wenn ich die unberührten und geheiligten Räume noch lange nach ihrem Tode mit größter Andacht durchwandern durfte. Sie hatte bis zu ihrem Heimgang das Ankleidezimmer ihres Gemahls unberührt gelassen: da lagen noch sein Militärrock, die Bürsten, die Theaterzettel von seinem Todestage, alles so, als wenn er jeden Augenblick wieder hereintreten könnte. Den größten Teil ihres Lebens hat meine Urgroßmutter in diesen anspruchslosen Räumen verlebt. Wie oft haben Zeitgenossen die alte Dame mit ihrem freundlichen, lächelnden, von grauen Locken umrahmten Gesicht am Fenster stehen sehen! Wie oft grüßte sie die mit Trommeln und Pfeifen von ihren Übungen heimkehrenden Soldaten von ihrem Platz herunter, wie oft gab sie damit den treuen Mecklenburgern die Gewißheit: dort sitzt eine Mutter, die euch daheim willkommen heißt!

Da mein Urgroßvater Großherzog Paul Friedrich bereits im Jahre 1842 gestorben ist, hat meine Urgroßmutter fünfzig Jahre lang – bis 1892 – als Witwe gelebt; die offizielle Bezeichnung »Großherzogin-Mutter« ist ihr bis ans Lebensende geblieben. Sonst wurde sie in Mecklenburg, wo sie sich größter Liebe und Verehrung erfreute, allgemein nur »die Hoheit« genannt, im Alter »die alte Hoheit«. Sie gab sich ganz frei in ihrer Barmherzigkeit, ihre Güte kam aus einer tiefen Menschlichkeit. Sie hatte sehr viel Natürlichkeit in ihrem Wesen, war einfach, ohne Pose, dabei immer vornehm in ihrem Auftreten. Eine heitere Natur, besaß sie viel Humor und hat auch bis in ihre letzten Tage hinein ihr herzliches Lachen nicht verlernt. Mit sehr viel natürlichem Verstand verband sie große Menschenkenntnis und verfügte über die Gabe einer gewandten Unterhaltung; ohne Zögern fand sie auch Fremden gegenüber bis in ihr spätes Alter hinein den rechten Ton.

Sie war, obschon an Gestalt nicht groß, gleichwohl eine imponierende Erscheinung. Das weißlich graue Haar war über den Ohren in Flechten aufgesteckt, darüber wurden Tüllmützen mit Bändern getragen. Zum Abend wurden an Stelle der Flechten kleine leichte Löckchen angebracht, die ihr ein reizendes Aussehen verliehen. Bei feierlichen Gelegenheiten wurde auf die Tüllmützen ein großes Diamantdiadem gesetzt, das den Eindruck der Würde, den ihr ganzes Wesen ausstrahlte, noch vertiefte.

Um die Schultern pflegte meine Urgroßmutter einen Shawl oder eine Spitzenécharpe zu tragen. In ihrer Kleidung hatte sie die Mode der 30er Jahre festgehalten und ist dieser Art bis zu ihrem Tode treu geblieben. Für gewöhnlich trug sie schwarz, an Festtagen bei abgelegter

Trauer auch grau und bei feierlichen Gelegenheiten meist weiß. Zum Schnitt ihrer Kleider gehörte die Schneppentaille, die fest herunter gearbeitet, aber nicht geschnürt, sondern ziemlich weit war; der daran befestigte weite und faltige Kleiderrock stand etwas ab, da im Unterkleid – ein Anklang an die einstmalige Krinoline! – kleine Stahlreifen angebracht waren. In den letzten Jahren ihres Lebens bediente sie sich stets, auch im Zimmer, eines Stockes zum Gehen, der, wenn sie Gesellschaftskleider trug, weiß sein mußte.

Bei den Bällen, Konzerten und Diners im Schloß bildete die Großherzogin-Mutter stets den natürlichen Mittelpunkt; sie kannte seit Generationen die Angehörigen der Gesellschaft und nahm an allen Schicksal regen und wahrhaften Anteil. Sie hatte mittags täglich Gäste im kleinen Kreise bei sich; vormittags pflegte sie Besuche anzunehmen. Bei der Abfahrt zu längeren Reisen und ebenso bei der Rückkehr fand sich stets eine lange Reihe von Damen ein, die der Großherzogin-Mutter näher standen und sie, wie es sich zur Gewohnheit herausgebildet hatte, auf dem Bahnhof zu begrüßen pflegten.

Nach alter Sitte hatte meine Urgroßmutter noch zwei Kammerfrauen aus gebildeten, meist adligen Kreisen, die für den schönen Schmuck verantwortlich waren und alle Bestellungen machten. Die Staatsdame Fräulein von Schöning ist 45 Jahre bei meiner Urgroßmutter gewesen und hat sie noch um sechzehn Jahre überlebt; vor langen Jahren hatte sie sie auf den Reisen nach Petersburg im Wagen oder im Schlitten treu begleitet.

Der Jahreslauf meiner Urgroßmutter war sehr regelmäßig eingeteilt. Das kleine Palais in Schwerin, von dem ich schon sprach, bot Aufenthalt für den Winter bis zur

Frühjahrsreise. Diese ging oft nach Baden-Baden, wo meine Urgroßmutter mit unserer Familie zusammentraf, wenn wir aus Cannes zurückkehrten, zum letzten Male noch 1891. Die Sommermonate wurden stets in Heiligendamm zugebracht, jenem Ostseebad, das wohl als einziges noch sich sein altes vornehmes Gepräge erhalten hat, und das uns allen bis auf den heutigen Tag ein idyllisches Sommerasyl gewährt. Vor und nach Heiligendamm wurde für einige Wochen Aufenthalt im »Greenhause« genommen, einem verträumten Gartenhäuschen im Schweriner Schloßgarten; jetzt lebt dort im Park die Erinnerung an sie in dem von dem Mecklenburgischen Bildhauer Berwald errichteten Standbild fort, das seinerzeit vom Kaiser und der gesamten Großherzoglichen Familie feierlich eingeweiht worden ist. Vor der Übersiedlung in ihr Palais in Schwerin Ende November wurden, von den letzten Septembertagen an, noch einige Wochen in dem schönen Schloß zu Ludwigslust zugebracht. Dorthin kam auch alljährlich der Alte Kaiser zur Jagd, wo dann stets eine frohe und festliche Vereinigung aller Familienmitglieder stattfand.

Die Fahrt nach Heiligendamm legte meine Urgroßmutter, bevor die Eisenbahn fertiggestellt war, im offenen, viersitzigen, mit sechs Pferden à la Daumont bespannten Wagen zurück. Bei ihrer Ankunft waren die Häuser geflaggt, und Kanonenschüsse wurden zur Begrüßung gelöst. Wohnung nahm sie in ihrer Alexandrinen-Cottage, die auf steilem Ufer sich an die hohen Buchen des Gespensterwaldes schmiegt – damals nicht mehr als ein Häuschen mit einem Turm, das man von weitem auf See gewahr wurde, heute doppelt so groß, aber immer noch ein lieber Aufenthaltsort am weiten blauen Meer, wo mei-

Alexandrine, Prinzessin von Preußen (1803-1892), Schwester Kaiser Wilhelm I., verheiratet mit Großherzog Paul Friedrich von Mecklenburg-Schwerin

ne Geschwister alljährlich Verwandte und treue Freunde gastlich aufnehmen. Manch fröhliches Beisammensein an schönen Sommerabenden spielt sich dort oder im Kurhaus in der sogenannten Kaffeehalle oder unter den Kolonnaden ab. Von dort aus bei warmer Witterung auf das sonnenüberflutete Meer zu schauen, bei Mondenschein und Sternengeflimmer auf den langen Seesteg hinauszuwandern und auf den weißen Bänken zu sitzen, umrauscht von den ewigen Meeresfluten, bietet einen unbeschreiblichen Genuß.

Dort also in ihrer Cottage hielt die liebe alte Dame »Hof«, d. h. täglich pilgerte alles, was Wert darauf legte, zur Hofgesellschaft gerechnet zu werden, zur Alerandrinen-Cottage, um der Großherzogin-Mutter Guten Morgen zu wünschen. Nach dieser kleinen intimen und ganz zwanglosen »Cour« fuhr der Eselwagen vor, gelenkt von einem Kutscher in karmoisinroter Livree, der nebenher ging, hinterher in der gleichen Kleidung ein Lakai, und dann begann eine glückselige Stunde für denjenigen Urenkel oder die Urenkelin, die mit der Urgroßmutter ausfahren durfte. Die Anschaffung dieses Eselwagens hatte meine Mutter angeregt, als der alten Dame das Gehen anfing schwer zu werden.

Wohl kaum anderswo üblich war es, daß der Herrscher, wie es mein Urgroßvater Großherzog Paul Friedrich und seine Gemahlin zu Heiligendamm im Kurhause oder unter den Kolonnaden taten, der Table d'hote präsidierten. Die Angehörigen des Landadels waren meist mit ihren Viererzügen in Doberan anwesend, wo damals auch der Hof residierte. Die Sitte des gemeinsamen Essens hat sich noch lange erhalten, da bis einige Jahre vor dem Kriege die Küche im Kurhaus die einzige am Damm war.

Besonders schön ist mir in meiner Heimat immer das enge menschliche Verhältnis zwischen dem Fürsten und seinen Landeskindern erschienen, das aus früheren einfacheren Zeiten her sich hier erhalten hatte und bewußt gepflegt wurde. Ein Brauch, der wohl nur in Mecklenburg geherrscht und erst mit der Revolution im November 1918 sein Ende gefunden hat, bestand darin, daß der Landesherr jenen Vormittag »offenes Haus« hatte und für jeden seiner Untertanen, ob vornehm oder gering, der irgendwie bei ihm Rat suchte oder ihm eine Angelegenheit vortragen wollte, zu sprechen war. »Na, sprek man platt!« ermunterte dann wohl der Großherzog den Landmann, der sich vergeblich bemühte, seine eingelernten hochdeutschen Sätze vorzutragen, oder den, der sich nicht recht mit der Sprache herauswagte: »Sprek Di man orntlich ut!« – und zufrieden ging jeder nach Haus. Dieser freie Verkehr zwischen dem Landesherrn und seinem Volke hat in Mecklenburg zu dem schönsten patriarchalischen Verhältnis geführt, das man sich denken kann.

In ihre neue Heimat war meine Mutter eingezogen, achtzehnjährig, anzuschauen wie ein Bild aus Elfenbein, so zart und durchsichtig, dabei hochgewachsen und schlank, eine wundervolle Erscheinung, von großem Charme, gütig und liebenswürdig gegen jedermann. Sie kam aus dem gewaltigen russischen Reich, gewohnt an unendliche Weiten, an unbegrenzte Möglichkeiten, aufgewachsen in Verhältnissen, die den Begriff »eng« oder »kleinbürgerlich« nicht kannten.

Ihr Vater, Großfürst Michael Nikolajewitsch, der Gouverneur des Kaukasus, war der jüngste Sohn Kaiser Nikolaus' I. und der Kaiserin Alexandra Feodorowna, geborenen Prinzessin Charlotte von Preußen. Von meinem lieben Großvater erzähle ich später noch ausführlich. Meine Großmutter mütterlicherseits, nach der ich genannt worden bin, war die Großfürstin Olga Feodorowna, geborene Prinzessin Cecilie von Baden, eine Schwester des Großherzogs Friedrich I. Sie hatte ihre einzige Tochter ungemein streng erzogen und sie an unbedingte Unterordnung unter den Willen der Mutter und der Erzieherin gewöhnt. Dieser Grundsatz hat noch in meiner Eiziehung, wenn auch in etwas milderen Formen, nachgewirkt. Bezeichnend für die geringe Selbstbestimmung, über die meine Mutter als Mädchen verfügte, war z. B., daß sie im Garten von Borjom, dem Landsitz meines Großvaters, einen Aprikosenbaum besaß, dessen saftige, sonnendurchglühte Früchte sie aber nicht ohne ausdrückliche Erlaubnis genießen durfte. Die Strenge der damaligen Erziehung dürfte unserer heutigen Jugend übermäßig hart erscheinen, aber das Gute hat sie gewiß gehabt, die heranwachsende Generation vor seelischer Verweichlichung zu schützen, zu Bescheidenheit, Gehorsam und Selbstzucht zu erziehen, ohne die niemals ein Mensch das Leben meistern lernt.

Meine Mutter war in den glücklichsten Familienverhältnissen aufgewachsen, umringt von einer Schar von sechs Brüdern. Welch ein Schmerz muß es für sie in ihren letzten Jahren gewesen sein, daß nicht weniger als drei von ihnen 1918 und 1919 von den Bolschewisten ermordet worden sind! Sie hatte ihre Mädchenjahre im Kaukasus verlebt, im Winter im Gouvernementsgebäude in Tiflis, im Sommer in Borjom in den prachtvollen kaukasischen Bergen. Man kann sich kaum vorstellen, was für einen Gegensatz es für sie bedeuten mußte, als sie, von Jugend auf nur an Sonne und Wärme gewöhnt, in die

Unbehaglichkeit eines nordischen Winters geriet! Es ist wohl nicht verwunderlich, daß meine Mutter das rauhe Klima des Nordens schwer empfand und daß es ihr auch aus anderen Gründen nicht leicht geworden ist, sich in die so ganz anders gearteten mecklenburgischen Verhältnisse einzugewöhnen.

In Schwerin bezogen meine Eltern das sogenannte Neustädtische Palais, das später Marienpalais genannt wurde, und verlebten in diesem trauten Heim drei sorglose und glückliche Jahre. Hier wurde ihnen am Heiligen Abend 1879 meine Schwester geboren, die nach der verehrten Großherzogin-Mutter Alexandrine genannt wurde.

Dieses ungetrübte Leben sollte jedoch nicht von langer Dauer sein. Dunkle Wolken überschatteten das junge Familienglück, als mein Vater wieder an Bronchial- und Herzasthma erkrankte, an dem er schon seine ganze Jugend über schwer zu leiden gehabt hatte. Die Ärzte forderten mit aller Bestimmtheit für den Winter einen Aufenthalt im südlichen Klima. Meine Eltern gingen daher nach Palermo, wo sie in der schönen Villa Belmonte Wohnung nahmen. Dort wurde ihnen am 9. April 1882 der Erbe, der nachmalige Großherzog Friedrich Franz IV., geboren.

Das Leben meiner Eltern spielte sich von nun an abwechselnd zwischen der mecklenburgischen Heimat, wo die Sommermonate zugebracht wurden, dem Süden und Baden-Baden oder einem sonstigen Kurort als Übergangsaufenthalt ab.

Im Jahre 1883 starb mein Großvater Friedrich Franz II., vom ganzen Lande und den Seinen betrauert wie selten ein Landesvater; selbst die Sozialdemokraten senkten die Fahnen vor ihm. Unter den denkbar schwierigsten Umständen übernahm mein Vater die Regierung. Es war für ihn, der mit ganzer Seele an seiner mecklenburgischen Heimat hing, vor allem so unendlich schmerzlich, daß er als regierender Fürst alljährlich mehrere Monate lang seiner Gesundheit wegen im Ausland weilen mußte. Es bildete schon einen traurigen Anfang seiner Regierung, daß er nicht zur Beisetzung seines Vaters heimfahren konnte. Nicht zuletzt in gesellschaftlicher Beziehung brachte sein Fernsein für die Residenz eine fühlbare Lücke. Die Schweriner kamen sich den langen Winter über wie verwaist vor, und wenn die Feste auch von der Großherzogin Marie, unterstützt vom Oberhofmeisterpaar Graf und Gräfin Alexander Bassewitz, mit großer Liebenswürdigkeit veranstaltet wurden, so fehlte ihnen doch naturgemäß mit dem regierenden Paar der eigentliche Mittelpunkt.

Wenn ich mir das Bild meines Vaters zurückrufe, so sehe ich vor meinem Auge den liebenswürdigsten und gütigsten Menschen, den es je gegeben hat. Von hoher schlanker Gestalt, mit strahlenden schönen Augen, aus denen sein warmes Herz leuchtete – so steht mein Vater unvergeßlich vor mir. Nichts konnte mir später größere Freude bereiten, als wenn Menschen, die ihn gut gekannt hatten, mir sagten, daß ich ihm ähnlich sähe. Er hat unendlich viel zu leiden gehabt, aber nie ist ein Wort der Klage über seine Lippen gekommen. Er ist leider viel zu früh gestorben, als daß ich mich noch auf Einzelzüge besinnen könnte, doch werde ich im Laufe der weiteren Erzählung noch wiederholt seiner gedenken.

Meine Eltern gaben nach ihrer Heimkehr aus Italien das Marienpalais auf und siedelten in das schöne Schweriner Schloß über. Im Herbst pflegte mein Vater mit Vorliebe in dem herrlichen Forst von Gelbensande unweit Rostock zu jagen, der ihm bereits vor seinem Regierungsantritt als Leibrevier überwiesen worden war; diese Aufenthalte in kräftigem See- und Waldklima bedeuteten stets eine gute Erholung für ihn. Hier im Forsthof, beim Forstmeister Garthe, verlebten meine Eltern viele Wochen des Jahres 1886, um erst kurz vor meiner Geburt nach Schwerin ins Schloß überzusiedeln. Ich erwähne das, weil ich innerlich so fest verbunden bin mit dem herrlichen Gelbensande, mein ganzes Sein so tief in dieser heimatlichen Erde wurzelt, daß es schon geheimnisvolle Zusammenhänge geben muß, die man nicht fortleugnen kann. Am 20. September wurde ich im Schweriner Schloß geboren.

II.
Im väterlichen Schloss zu Schwerin

Meine Jugendzeit über habe ich regelmäßig den Sommer und Herbst in der mecklenburgischen Heimat zugebracht, in Schwerin und Gelbensande, den Winter in Cannes. Unsere Eltern gingen im Herbst zunächst nach Paris, während wir Kinder unmittelbar nach Cannes geschickt wurden, meist in Begleitung der Gräfin Bassewitz oder einer Hofdame. Unsere Eltern kamen später nach und blieben mit uns zusammen in Cannes bis zum Mai.

Unsere Heimat aber war das Land Mecklenburg. Diesem herrlichen Lande mit seinen weiten Seen und Wäldern, mit seinen prachtvollen, aufrechten und treuen Menschen gehörte unsere ganze Liebe – eine Liebe, die durch die alljährliche lange Abwesenheit nur um so tiefer wurde. Doch unsere Heimat im engsten Sinne war das Schweriner Schloß.

Wie ein Märchenschloß der Romantik steigt dieser stolze Bau mit seinen schönen Giebeln, Erkern und Türmen, die weit ins Land hinausschauen, aus dem meilenweiten blauen Schweriner See empor. Es ist unser Stammschloß, heiliger Boden für mich und die Meinen; schon vor tausend Jahren haben meine Vorfahnen hier gesessen. Im Jahre 1160 mußte mein Ahnherr Niklot, der letzte heidnische Fürst des Obotritenstammes, vor dem andrängenden Sachsenherzog Heinrich dem Löwen sein

Schloß »Zverin« räumen; er brannte es nieder und floh nach Werle, wo er den Tod fand. Sein Sohn Pribislaw trat zum Christentum über. Ununterbrochen die Jahrhunderte hindurch bis zum Jahre 1918 hat unser Geschlecht in dem durch häufige Neubauten mannigfach veränderten Schlosse auf der Insel gewohnt. So wie es jetzt dasteht, ein Wahrzeichen des Schweriner Landes, ist es ein Werk meines Großvaters, des Großherzogs Friedrich Franz II. Ein Teil ist im mecklenburgischen Renaissancestil errichtet, der andere dem Schlosse Chambord nachgebildet, angeregt durch Familienbeziehungen zu den Orleans.

Nicht weniger als die Kunst hat die Natur teil daran, daß unser Schloß einer der schönsten Fürstensitze in Norddeutschland ist. Unvergleichlich seine Lage im See, wundervoll seine nächste Umgebung auf der Schloßinsel. Uralte Bäume rauschen im Winde, grüne Rasenflächen dehnen sich bis ans Ufer, Trauerweiden neigen ihre graziösen Zweige in die Fluten. Mit leisem Plätschern umspülen die Wellen das Ufer, Haubentaucher stoßen in die Fluten, bis sie weit draußen wieder ans Tageslicht kommen und ihren schlanken Hals drehen und wenden. Wilde Schwäne ziehen im Frühjahr und Herbst durch die Lüfte, Enten und Zappen stoßen ihre kurzen Rufe aus. Alles ist freie, große Natur, wie sie unserer nordischen Landschaft besonders eigen ist; das klare Licht und die frischen Farben verleihen ihr eine unendlich starke Leuchtkraft, so daß man das Empfinden hat, als Lebewesen ganz in ihr aufzugehen, ganz mit der Natur zu verschmelzen. Dieses Gefühl der Naturverbundenheit mit meiner alten Heimat ist das, was ich neben den lieben Kindheitserinnerungen am tiefsten empfinde, wenn mich der Weg alljährlich hinführt. Und wenn das Schloß uns auch seit der Revolution von 1918 nicht mehr »gehört«, sein Anblick läßt immer von neuem mein Herz höher schlagen. Man kann uns wohl das nehmen, was vergänglich ist, niemals aber den unvergänglichen geistigen und ideellen Zusammenhalt mit unserer Heimat.

In dieser Umgebung nun spielte sich meine Kindheit ab. An schönen Sommertagen wurden Picknicks im Buchholz, meist am sogenannten Pumpenkopf, veranstaltet. In fröhlichem Zusammensein mit zahlreichen Spielgefährten vergnügten wir uns dort, bis der Abend hereinbrach. Wie hübsch war es, wenn wir auf der Heimfahrt auf größere Rudel Wild an den Futterstellen trafen oder einzelne Alttiere mit Kälbern flüchtig über die braunen Blätter in den dunklen Tannenwald verschwinden sahen!

Ein großes Vergnügen bereiteten die Fahrten auf dem weiten Schweriner See mit der kleinen weißen Dampfbarkasse »Adini«, die vom Oberheizer Henk und dem Matrosen Vitense geführt wurde. Wir nahmen Tee und Butterbrote mit und machten an irgendeiner schönen Stelle halt. Das eine Mal fuhren wir zu den Inseln Kaninchenwerder und Ziegelwerder, ein andermal ging es an das steile Ufer unterhalb Görslow, oder wir machten die lange Fahrt am Schelfwerder vorbei durch die Kanäle bis an den Paulsdamm. Die Maschine mußte dann auf halbe Fahrt gehen, um die Ufer nicht zu beschädigen. Gleichwohl lief unsere Barkasse mit beträchtlicher Kraft an dem Schilf entlang, wo Hunderte von Enten Schutz suchten. Im Sommer blühten dort die Seerosen, strömte das Wasser unter den heißen Sonnenstrahlen seltsame Dünste aus.

Die »Adini« lag in unserem Bootshaus am Burggarten, nach dem es mich als Kind stets mit geheimer Sehnsucht zog. Von da aus sahen wir oft den zahlreichen Ruderern zu, die den See bevölkerten. Mein Vater, dem die Einführung des Rudersports in Schwerin zu danken ist, hat selbst oft, wenn es seine Gesundheit erlaubte, im Ruderdreß den Einer gerudert und viel Freude daran gehabt. Zu meiner Zeit wurde der Sport bereits von drei Ruderklubs, deren Bootsplätze dem Schloß gegenüberlagen, eifrig betrieben.

In dürren Jahren kam im See der sogenannte Große Stein, ein mächtiger Felsblock, zum Vorschein, und ragte wie eine große, graue Schildkröte aus dem Wasser heraus. Weiße Möven saßen dann darauf, und manch kühner Ruderer entstieg seinem Boote, um sich auf den nur selten sichtbaren Stein zu stellen. An flachen Stellen war die Fahrtrinne mit Baaken und Besen bezeichnet, und es erregte immer die lebhafte Aufmerksamkeit von uns Kindern, wenn der brave Henk diese Seezeichen in seine Navigation mit einbezog.

Besonders schön war es, wenn wir drei Geschwister bei Großmama Marie in Rabensteinfeld eingeladen waren und zu Schiff über den See dorthin fahren durften. Am kleinen Steg unterhalb des mit Buchen bestandenen hohen Ufers erwartete uns unsere Tante Elisabeth und geleitete uns den steilen Weg hinauf. Oben empfing uns Großmama in der offenen Tür ihres Schreibzimmers, das nach dem See hinaus gelegen war und einen unvergleichlich schönen Fernblick auf das Schweriner Schloß bot. Den Nachmittagstee tranken wir bei besonders schönem Wetter in der Mooslaube, einem lauschigen Birkenhäuschen, das ebenfalls oberhalb des steilen Ufers liegt, oder auf der Veranda des großen Salons im Erdgeschoß, wo es besonders lustig zuging.

Welch fröhliche Stunden verlebten wir dort im gemütlichen Familienkreise! Hinterher wanderten wir im schönen Park umher oder tummelten uns auf dem Heuboden des geräumigen Kuhstalls oder besichtigten auch das reizende Gartenhäuschen im Schweizer Stil, das mein Großvater für seine Kinder hatte bauen lassen. Es ist fix und fertig mit kleinen Küchen-, Wohn- und Schlafräumen eingerichtet und hatte unseren Tanten und deren Brüdern bereits in ihrer Kindheit zum Spielen gedient. Dieses Häuschen ist wohl einzig in seiner Art und hat in der Familie eine gewisse Berühmtheit erlangt. Ein andermal machten wir auch Ausflüge in die weitere Umgebung Steinfelds, zu Wagen oder zu Fuß, und erfreuten uns an den herrlichen Buchenwäldern rings um den idyllisch gelegenen Pinnower See. Erst gegen Abend pflegten wir heimzufahren, voll der schönsten Erinnerungen an das Beisammensein mit unserer Großmutter und an all die fröhlichen kleinen Erlebnisse des Tages.

Von meinem siebenten Jahre an durfte ich reiten. Ich besaß ein Pony, einen entzückenden Schecken, »Schneeflocke« geheißen – denn seine dichte Mähne und sein langer Schweif waren schneeweiß. Ich ritt mit »Schneeflocke«, von unserem Sattelmeister Arendt an der Longe gehalten, über die Schloßbrücke durch die Anlagen des Schloßgartens am Faulen See vorbei wohl bis zum Exerzierplatz, wo wir uns ordentlich tummeln konnten. Dort warf es mich auch einmal ab, wie das zu jedem Reiterleben gehört.

Meine Erzieherin fuhr stets in einem Wagen hinterher, ein Umstand, der meine draufgängerische Reiterlust sehr hemmte, weil wir nach jedem Galopp auf den Wagen warten mußten, dessen Rappen durch den schnellen

Kronprinzessin Cecilie

Trab heftig in Schweiß kamen. Aber meine Mutter ging nicht von diesem Gebot der Etikette ab, nicht einmal in unserem für das Publikum unzugänglichen Gelbensander Walde, es sei denn, daß mein Bruder als »Chaperon« dabei war. Erst als der Kronprinz nach Gelbensande kam und bat, mit mir ausreiten zu dürfen, ist meine Mutter von dieser strengen Sitte abgewichen – nur der gute Arendt folgte in diskretem Abstand –, wofür wir ihr dann auch bald als strahlendes Brautpaar unseren Dank abstatten konnten.

Daneben hatte ich auch Reitstunden in der Reitbahn des Marstalls. Der Marstall ist ein weitgestrecktes Gebäude, das auf der malerischen Marstall-Halbinsel um einen länglichen Hof herumgebaut ist. Die große Reitbahn liegt in der Mitte. Es war mir stets etwas feierlich zumute, wenn ich in die Saalgasse trat und dort zu Pferde stieg, um nach den Anweisungen des Sattelmeisters Arendt, später auch des Stallmeisters von Maltzahn, die Bahnkünste auszuführen. Volte, ganze Bahn, halbe Bahn und verschiedene andere Figuren lernte ich dort korrekt ausreiten. Aber gern bin ich niemals in der Bahn geritten, denn mich zog es immer hinaus in die freie Natur, in den Wald und an die Seen.

Hinter den Logen der Bahn befanden sich kleinere Gelasse, in denen schöne Bilder der Leibreitpferde meiner Vorfahren von dem Hofmaler Schlöpke hingen. Nach der Reitstunde ging ich mit meiner Erzieherin durch die weiten Ställe, in denen ungefähr neunzig Pferde standen. Der Fahrstall bestand hauptsächlich aus Rappen und Schwarzbraunen, meist aus Hannoverscher Zucht; außerdem gab es einen Schimmel-Sechserzug und den persönlichen Juckerzug meines Bruders. Im Reitstall waren auch Vollblüter vorhanden. Sowohl dem Material wie der

Fahr- und Reitausbildung nach galt unser Marstall als erstklassig.

Gegenüber den Pferdeställen lagen die Wagenremisen, wo unzählige Hofequipagen in langen Reihen standen. Dort prangten auch die Daumont-Wagen, die Einzugs- und Staatskarossen, die zu fürstlichen Empfängen und bei den offiziellen Besuchen der Gesandten bei Hof gebraucht wurden. Weiter sah man dort alte Jagdschlitten und russische »Linieken«, die wir manchmal zu unseren Ausflügen benutzten – lange schmale Wagengestelle mit einer Längsbank, auf der die Insassen Rücken an Rücken saßen; sie schaukelten beträchtlich und wirkten gerade deshalb auf uns Kinder besonders belustigend. Da standen ferner Pirschwagen jeden Zeitalters und jeder Generation, federlose Wagen, wie sie ähnlich noch heutigen Tags zu Pirschfahrten gebraucht werden; im Walde machen sie einen überaus malerischen Eindruck, namentlich im Verein mit den bunten Jagduniformen, die zu diesem Bilde gehören.

Dunkelblau mit gelben Radspeichen waren die Wagen, die von den Mitgliedern des Großherzoglichen Hauses benutzt wurden; die Umgebungen fuhren in roten Wagen. Die Kutscher trugen karmoisinrote Livreen mit goldenen Tressen. Es bot stets ein wunderhübsches Bild, die Equipagen zum Empfang am Bahnhof bereitstehen oder durch die Straßen Schwerins fahren zu sehen. Nur einmal noch nach dem Umsturz von 1918, der auch diesem altvertrauten Bilde ein Ende bereitete, habe ich die rote Livree in Ludwigslust wiedergesehen: es war am 7. Juni 1929 bei der Silbernen Hochzeit meines Bruders. Mir wurde wehmütig und froh zugleich bei dem Anblick, der alle lieben alten Erinnerungen in mir wachrief.

Die Großherzoginnen fuhren meist à la Daumont, d. h. im Viergespann mit Stangenreiter, dazu einen Vorreiter. Meine Großmutter Marie ist bis zum Kriege stets in dieser Weise von ihrem nahen Besitz auf Rabensteinfeld nach Schwerin hereingefahren. Als Witwe stand ihr auch der »Nachreiter« zu, ein Reitknecht zu Pferde, der hinter dem Wagen hertrabte. Meine Mutter hat auf diese Beförderungsweise verzichtet; sie war schon 1898 für weitere Fahrten zum Kraftwagen übergegangen.

Mein Bruder fuhr mit Vorliebe und großem Geschick Viererzug, meist seine flotten Schimmeljucker, aber auch die Rappen. Es gab für mich nichts Herrlicheres, als wenn ich meinen Bruder begleiten durfte. Kraftwagen sind sicher sehr praktisch und bequem und entsprechen gewiß den Bedürfnissen unserer Zeit, aber zum Sapazierenfahren können sie nach meinem Geschmack mit einem vornehmen Viererzug von edlen Pferden in keiner Weise wetteifern.

Zu meinen schönsten Erinnerungen gehört auch die Abholung der Fahnen durch die Fahnenkompagnie der Grenadiere. Die Fahnen, die im Vorzimmer meines Vaters aufgestellt waren, wurden bei bestimmten Gelegenheiten, z. B. vor dem Ausmarsch ins Manöver, von dem diensttuenden Offizier, begleitet von zwei Mann, in Empfang genommen und die breite Obotritentreppe hinuntergebracht. Bei ihrem Erscheinen im Hof spielte die Musik den Präsentiermarsch. Ich höre noch, wie seine Klänge dröhnend gegen die Schloßmauern des Hofes schlugen und widerhallten, ich sehe noch die Grenadiere feldmarschmäßig im Dienstanzug vor dem Manöver, oder, wenn es zu einer Parade ging, in weißen Hosen, den Haarbusch auf dem Helm, ich sehe noch die Musikanten mit dem Schellenbaum und den in der Morgensonne blitzenden Instrumenten. Das war ein Schauspiel, dessen Reiz sich für uns jedesmal erneuerte, das uns immer wieder in seinen Bann zog. Erst wenn nach der feierlichen Übernahme der Fahnen die Truppe unter den Klängen eines unserer herrlichen alten Armeemärsche abmarschiert und die Musik in der Ferne verhallt war, verließ ich mit meiner Schwester, die sich für alles Militärische wenn möglich noch mehr als ich interessierte, unseren Beobachtungsposten am Flurfenster, das klingende Spiel noch lange im Ohr.

Bei gutem Wetter spielten wir vorzugsweise in dem schönen Burggarten, der das Schloß umgibt. Dort am See standen eine Buche und eine Eiche, deren Äste so ineinander verschlungen waren, daß man den Eindruck eines einzigen großen Baumes hatte. Wie oft kletterte ich dort hinauf von Ast zu Ast, im dichten Laub gegen die Schloßbrücke versteckt! An diesen Kletterpartien nahmen meine Freundinnen, vor allem Sibylle von Laffert, und manchmal auch der jüngste Sohn des Generals von Maltzahn rege teil. Friedrich-Karl von Maltzahn, mein damaliger Spielgefährte, hat nachmals am 28. August 1914 als Kapitänleutnant auf S. M. S. »Mainz« im Gefecht bei Helgoland den Heldentod gefunden; er war einer der ersten aus unserem Freundes- und Verwandtenkreise, die ihr Leben für das Vaterland dahingaben. Besondere Anziehungskraft übte am See auch eine Grotte aus, da sie sich hervorragend zum Versteckspielen eignete. In ihr stand die untere Hälfte einer Statue des Neptun, die mitten durchgeteilt war; der Rumpf befand sich im Wasser, aus dem der Meeresgott gerade aufzutauchen scheint.

Bei schlechtem Wetter bot das Riesengebäude des Schlosses für meine Freundinnen und mich Gelegenheiten genug für die erlebnisreichsten Streifzüge. Auf den Böden gab es verschwiegene Winkel, Gänge und enge Passagen, durch die wir hindurchkrochen und wobei wir unsere Kleider und Hände bestaubten. Unsere Köpfe füllten sich hierbei mit abenteuerlichen Phantasiegebilden. Nicht weniger schauerlich erschienen uns die Kellergelasse im Schloß, wo der Sage nach im Burgverließ die Eiserne Jungfrau im Mittelalter ihr blutiges Werk verrichtet hatte. Mit dieser Sage wurde, ob mit Recht oder Unrecht, bleibe dahingestellt, ein Gestell in Zusammenhang gebracht, an dem fünf scharfgeschliffene Schwerter befestigt waren. Diese sollen, durch eine Mechanik in Bewegung gesetzt, die Verbrecher in mehrere Teile zerschnitten haben, die dann in einen mit einer Falltür verschließbaren Schacht geworfen und in den See hinausgespült wurden. Die Messer standen bis zur Revolution in der Waffenhalle in einer dunklen Ecke; nur mit geheimem Gruseln trat man an sie heran, nach Rost und Blutflecken suchend.

In der Flucht der Festsäle im dritten Geschoß befand sich ein großer leerer Raum, der sogenannte »unausgebaute Saal«. Dort spielten wir mit Vorliebe. Eine alte Wache, die schon unserem Vater gehört hatte, mit Schilderhaus und Gewehrständen, uralte Schränke und abgestellte Möbel, nicht zuletzt ein geschnitztes Kirchengestühl, regten uns zu mancherlei Spielen an. Alles roch nach Staub und Moder, kahle Wände und ungeputzte Mauern erhöhten noch den unheimlichen Eindruck, den das Ganze machte. Was Wunder, daß ich hier immer an die grauliche Geschichte erinnert wurde, die uns unsere Bonne erzählt hatte:

In einem alten englischen Schloß wurde eine Hochzeit gefeiert. Die Hochzeitsgesellschaft spielte in ausgelassener Stimmung schließlich nach anderem Zeitvertreib Versteck. Nach langem fröhlichen Suchen in den Winkeln und Ecken des alten Hauses waren alle Teilnehmer gefunden – bis auf die Braut. Man suchte überall bis tief in die Nacht, doch ohne Erfolg. Den Bräutigam und die Hochzeitsgesellschaft packte das Grauen. War die schöne Braut von Räubern entführt worden? War sie in einem unterirdischen Verließ umgekommen? Niemals erhielten Bräutigam oder Hochzeitsgäste Antwort auf diese grausige Frage. Als aber viele Generationen später abermals eine frohe Gesellschaft in Spiel und Scherz durch das Schloß tollte, stieß einer der Gäste auf einen alten Eichenschrank. Er war verschlossen, doch durch einen Zufall gab der Geheimverschluß einem Fingerdruck nach, und die Schranktür sprang auf. Entsetzt prallte der Gast zurück: in der Ecke lehnte ein Gerippe, eingehüllt in ein weißes Atlaskleid, das in Fetzen herunterhing, auf dem grinsenden Schädel einen Myrtenkranz! Man forschte in den Archiven, und siehe da: in einer Chronik fand sich die tragische Geschichte von der verschollenen Braut aufgezeichnet.

Zum Glück machten wir niemals einen so grausigen Fund, aber unsere kindliche Phantasie beschäftige sich naturgemäß viel mit Spukgeschichten, zumal »Petermännchen«, der zwergenhafte Schloßgeist, im Schlosse umgehen soll. Er galt zwar als guter Geist, soll aber doch manchmal als Todesbote vor dem Ableben eines Angehörigen unseres Hauses erschienen sein. Petermännchen ist aber seit langen Jahren nicht mehr gesehen worden, und nur sein Standbild in einer Nische des Schloßhofes sichert ihm noch in der Erinnerung der Schweriner ein gewisses Fortleben. Eine andere Sage rankt sich um den oben erwähnten »unausgebauten« Saal: Wenn einmal dieser Saal ausgebaut würde, hieß es, käme großes Unheil über das Großherzogliche Haus. Als nun im Jahre 1913 das Schloß zum Teil abgebrannt war, faßte mein Bruder, der diesen Aberglauben nicht teilte, den Entschluß, den Saal zu einer Reihe von Fremdenzimmern auszubauen. Aber noch ehe der Plan ganz ausgeführt werden konnte, brach 1914 der Krieg aus, und 1918 verlor unser Haus mit dem Lande auch das Schloß.

Unsere Streifzüge im Schloß führten uns oftmals in den Winkel hinter einer kleinen Treppe, wo, solange ich denken kann, die hübschen Modelle einer Lokomotive, eines Packwagens und eines Salonwagens standen, die unserem Großvater um 1865 zur Erinnerung an die Erbauung der Friedrich-Franz-Bahn überreicht worden waren. Dieser entzückend gearbeitete Miniatur-Eisenbahnzug war für uns stets ein Gegenstand der größten Bewunderung; wir hätten gar zu gern damit gespielt und unsere Puppen Reisen machen lassen, aber es wurde uns zu unserem Leidwesen nicht gestattet.

Ganz in Der Nähe befand sich eine Tür, die beim Öffnen meist starken Zug hereinließ. Trat man hindurch, so stand man unter der vergoldeten Kuppel über dem Hauptportal, in einem Raume, der nach den beiden Seiten, zum Schloßhof und nach außen hin, offen ist. Auf der Außenseite steht das Reiterdenkmal unseres Ahnherrn, des Obotritenfürsten Niklot, der einen wilden Ur mit seinem Spieße angeht; die Erinnerungen an jene Kämpfe bewahrt noch unser Wappentier, der Stierkopf. Unser Stammsitz war die Burg »Michelenburg«, plattdeutsch

»Mecklenburg«, d. h. Große Burg; sie war wie die Burgen aller Wendenfürsten auf einem Hügel inmitten sumpfigen Geländes gebaut: Mir ist heute noch ganz eigen zumute, wenn ich, die Straße von Wismar nach Schwerin fahrend, linker Hand in der Nähe des jetzigen Dorfes Mecklenburg an dem mit Laubhölzern bestandenen Hügel vorbeikomme, der noch ganz deutlich als runde Wendenburg, unsere Stammburg, zu erkennen ist.

Hatten wir die versteckten Winkel des Schlosses durchstöbert, so kamen wir in die Säle und Festräume und gingen nun auf dem spiegelglatt gebohnerten Parkett durch den Goldenen Saal, wo die Hofbälle und Hofkonzerte gegeben wurden, durch die Wilhelmszimmer, wo bei Hochzeiten und sonstigen Feiern Cour abgehalten wurde; in die Ahnengalerie und von dort aus in den Thronsaal. In der Ahnengalerie blickten einige meiner Vorfahnen recht finster auf mich herab, so daß ich froh war, wenn ich nicht allein an ihnen vorbeizugehen brauchte. Im Thronsaal hielten meine Geschwister später die Neujahrsempfänge und militärische Cour ab, auch wurden dort kleinere Bälle gegeben.

Meine Kinderzimmer, die sich im Erdgeschoß befanden, boten einen freien Blick auf den See. Verschiedene Treppchen führten auf eine Terrasse hinaus; mehr als einmal kletterte ich aber »der Einfachheit halber« über ein Gitter, das vor den Kellerfenstern angebracht war, durch die Fenster hinaus. Unterhalb der Terrassenmauer spielte eine hohe Wasserfontäne, deren Strahl einen Ball in die Luft schleuderte. Abends vor dem Einschlafen, das mir im Sommer an den hellen Abenden recht schwer wurde, hörte ich die Dampfer tuten, Knick- und Bläßenten schreien, Nachtigallen in den alten Bäumen des

Burggartens ihr Lied singen – Töne ferner Jugendzeit, die man nicht wieder vergißt!

Zu den Zimmern meiner Eltern, die über den meinen lagen, führten zwei kleine Wendeltreppen. Aus meinem Schlafzimmer gelangte ich über die eine in das große, behagliche Schreibzimmer meines Vaters. Ein dicker, weicher Teppich dämpfte die Schritte, tiefe Diwane standen umher, auf den Tischen grüßten Alben und Familienerinnerungen. Den Schreibtisch zierte eine marmorne Nachbildung von Mamas Hand, ein wahrhaftes Kunstwerk, ebenso wie auf Mamas Tisch die Bronze-Nachbildung von Papas Hand lag. Die Wand schmückte ein schönes Bild meiner Großmutter Auguste, das später meine Tante, die Großfürstin Wladimir, erbte und das auf diese Weise nach St. Petersburg kam. Eine wunderschöne Marmorbüste meiner Mutter von dem mecklenburgischen Bildhauer Josef Kopf stand hinter dem Schreibtisch – wiederum ein Gegenstück, die Büste meines Vaters, im Schreibzimmer meiner Mutter.

Zwischen den beiden Schreibzimmern oder »Kabinetten«, wie sie genannt wurden, befand sich das gemeinsame Schlafzimmer der Eltern, in dem ich geboren bin. Von diesem Zimmer ausgehend, lag in einem Turm meiner Mutter gemütliches Toilettezimmer, zu dem ich über die oben erwähnte zweite Wendeltreppe gelangen konnte, die auch eine Verbindung zu Mamas Garderobe bildete.

Es machte mir die größte Freude, wenn ich zu Mamas Toilette zurecht kam und als echte kleine Evastochter ihre schönen Kleider, Spitzen und Pelze bewundern durfte. Meine Mutter verstand es meisterhaft sich zu kleiden; sie trug meist ganz einfache Kleider, bevorzugte Weiß und legte wenig Schmuck an; am liebsten trug sie nur Perlen.

Mit ihrem dunklen, schlicht zurückgekämmten Haar und ihrer herrlichen Gestalt war sie für mich von klein auf ein Gegenstand unbeschränkter Bewunderung. Daß sie es nicht nur für mich war, bezeugt eine kleine Geschichte, die mir der alte Generaloberst von Plessen noch kurz vor seinem Tode erzählt hat. Sie spielte bald nach der Hochzeit meiner Eltern, als sie einige Tage am Hofe Kaiser Wilhelms I. weilten. Als nun Moltke eines Morgens zum Vortrag zu seinem kaiserlichen Herrn kam, machte der Generalfeldmarschall einen merkwürdig zerstreuten Eindruck. Vom alten Kaiser befragt, worauf diese Zerstreutheit zurückzuführen sei, antwortete Moltke: »Majestät, die junge Erbgroßherzogin von Mecklenburg ist schuld daran. Ich muß immerzu an ihre strahlende Schönheit denken!«

In dieser strahlenden Schönheit sehe ich Mama immer noch in meinen Kindheitserinnerungen. Später hat das vorrückende Alter ihre Gesichtszüge ein wenig schärfer und die Haut grauer erscheinen lassen, doch behielt sie ihre ungebeugte, vornehme Haltung, so daß sie bis zuletzt auf jedermann den Eindruck der geborenen Fürstin gemacht hat. In ihrem Wesen war meine Mutter sehr ernst und verschlossen, sie war es wohl durch die lange Krankheit meines Vaters und manches Schwere, das sie im Leben erfahren hatte, mit den Jahren geworden. Wie gern aber machte sie anderen eine Freude! Wie glücklich und zufrieden konnte sie zum Beispiel sein, wenn wir nach Rußland fuhren und sie bemerkte, welche Freude mir die Fahrt bereitete und wie gern ich mich dort aufhielt, wo sie selber als Kind geweilt hatte! Dann konnte sie fast fröhlich sein. Eine Eigenschaft, die besonders an ihr geschätzt wurde, war ihre unbeirrbare Treue, die sie all denen bewies, die auch ihr in Treue anhingen. Manchem mochte sie wohl unnahbar erscheinen, doch entstand dieser Eindruck nur, wenn sie sich mißverstanden fühlte. Erprobten Freunden bewies Mama stets die größte Herzensgüte und Anhänglichkeit.

Ich schreite im Geiste weiter durch die altvertrauten Räume meiner Kindheit und komme in den großen Salon meiner Mutter, wohl den schönsten, den ich je gesehen habe. Er lag über dem Portal der Schwarzen Treppe, mit drei großen Doppelfenstern nach dem Schloßgarten zu. Ungefähr 16 Meter lang erstreckte er sich bis zur Sylvestergalerie. Trat man durch diese Tür ein, so gewann man den Eindruck einer großen Raumharmonie und einer gewissen Feierlichkeit, die aber durch die vielen gemütlichen Ecken und Möbelgruppen gemildert wurde. An den Marmorwänden hingen ein prachtvolles Porträt von Katharina der Großen und zwei entzückende Bilder von Matthieu, dem »mecklenburgischen Pesne«, die den Großherzog Friedrich Franz I. und seine Schwester darstellten. In Vitrinen lagen wertvolle Tabatièren. Eine vergoldete Sänfte aus der Rokokozeit regte meine Phantasie lebhaft zur Beschäftigung mit den Vorfahrinnen in Reifröcken und gepudertem Haar an, die in diesem reizenden goldenen Käfig ihre Visiten gemacht hatten.

Im Salon nahm meine Mutter meist den Tee ein, wenn sie Gäste empfing, und nach den Festlichkeiten versammelte sich dort die Familie, so daß der Raum manch behagliches und frohes Beisammensein gesehen hat. Daneben lag das Eßzimmer meiner Eltern, dessen Wände mit kostbaren Gobelins bespannt waren. Als im Dezember 1913 der große Brand ausbrach, hat meine Schwägerin, die Großherzogin Alexandra, mit persönlichem Mut und großer Umsicht versucht, hier zu retten, was nur möglich war. Erst als durch die ungeheure Hitze die Doppeltür, welche die Schwarze Treppe von der Sylvestergalerie trennte, nach innen aufgesprengt wurde und die Treppe unmittelbar neben ihr zusammenstürzte, eine dichte, schwelende Rauchwolke hinaufschleudernd, mußte meine Schwägerin von ihrem Rettungswerk ablassen. Monate später, als ich nach Schwerin kam, steckte noch ein verkohlter Balken in der schönen gemalten Decke des Salons – ein Anblick, der mich gerade an dieser Stätte so lieber Erinnerungen tief bewegt hat.

Im großen Turm lag das Blumenzimmer mit den hohen Fenstern zum See und zum Burggarten hinaus: Hier wurde meist im Sommer gegessen, wenn Familientafel war oder nur wenige Gäste geladen waren. Grüne Palmen und Farne standen vor den Fenstertüren und umrahmten zwei Springbrunnen, die an heißen Tagen Kühle spendeten. Von der Mitteltür aus trat man auf die oberste der vielen, durch eine breite Treppe verbundenen Terrassen, die in den Burggarten hinunterführten.

Es wurde aber auch oft die Waffenhalle zu den Mahlzeiten benutzt, jener prachtvolle gewölbte Raum, in dem eine herrliche Waffensammlung aufbewahrt wurde; kostbare alte Wappendecken und starke Geweihe hingen an den Wänden, Rüstungen und Waffen aller Art waren dort aufgestellt. Von der Halle trat man im Sommer in den Garten hinaus, wo beim Kaffee gemütlich mit den Gästen geplaudert wurde. An kalten Tagen und abends saß man am behaglichen Kaminfeuer bei anregender Unterhaltung oder bei Kartenspiel.

Mein Gang durch das Schloß meiner Väter, den ich jetzt im Geiste unternehme, führt mich nun vom sogenannten Kirchengang aus in unsere liebe Schloßkirche, in der ich getauft und eingesegnet bin.

Mit dem Kirchgang verbinden sich für mich wunderschöne Erinnerungen. Ich saß immer auf demselben Platz ganz links vom Eingang der Hofloge. An Sommertagen fluteten die Sonnenstrahlen durch die bunten Altarfenster wie fließendes Gold, davor stand der schneeweiße marmorne Christus. Ich höre noch im Geiste die Stimme des Oberhofpredigers Wolff und sehe noch sein ehrwürdiges Haupt mit dem scharfen Profil, wie es sich auf der Kanzel gegen das Licht abhob. Eine unendlich weihevolle Stimmung zog in mein Herz und machte es empfänglich für das Wort des Herrn. Es ist mir noch heute ein schmerzlicher Gedanke, daß ich nicht in unserer Schloßkirche getraut worden bin, aber die Tradition des Preußischen Hofes, nach der alle Preußischen Prinzen in Berlin heirateten, ließ das nicht zu. Meine Schwester heiratete wegen der Trauer um meinen Vater in Cannes, mein Bruder in Gmunden. So war es keinem von uns drei Geschwistern vergönnt, dort unsere schönste kirchliche Lebensfeier zu begehen.

Eine Trauung dagegen, die in der Schloßkirche stattgefunden hat, ist mir in deutlicher Kindheitserinnerung geblieben. Es war die Hochzeit meiner Tante, der Herzogin Elisabeth, mit dem Großherzog von Oldenburg, die im Herbst 1896 in Schwerin begangen wurde. Ich war damals zehn Jahre alt, und meinem Gedächtnis hat sich besonders eingeprägt, daß ein Zelt von der Obotriten-Treppe durch den Hof zur Kirchentür aufgestellt war, unter dem die Hochzeitsgesellschaft über einen roten Teppich feierlich in die Schloßkirche zog. Leider wurde ich während der Trauung ohnmächtig, ein Übel, das mich in meiner Kindheit häufig bei kirchlichen Feiern befiel, wenn ich stehen mußte, so daß ich schnell auf eine Bank in einer Nische gelegt wurde. Der Kaiser nahm an der Feier teil, ebenso die Prinzessin Feodora von Schleswig-Holstein, die Schwester der Kaiserin, unsere nachmals so sehr geliebte »Tante Feo«.

Ich verlasse unsere Schloßkirche und suche im Geiste die hohen Türme des Schlosses auf. So selten es geschah, ist mir doch der Aufstieg über die vielen Stufen mit den herrlichen Ausblicken auf den großen See und über die weiten Buchenwälder als unendlich eindrucksvoll in der Erinnerung geblieben. In dem einen Turm war die Schloßuhr angebracht, und je höher man hinaufstieg, desto lauter wurde ihr Klopfen. Es war mir zumute, als vernähme ich den Herzschlag eines Riesen, und oft wurde ich von einer großen Angst gepackt, ich könnte zur vollen Stunde oben ankommen und dazu verurteilt sein, unter der Uhr zu stehen und die gewaltigen Schläge mir dröhnend ins Ohr fallen zu lassen. Von unten hörte sich dagegen das Ticken und Schlagen der Uhr unsagbar heimlich und traulich an, ihr wohlbekannter Klang gehört zu meinen liebsten Kindheitserinnerungen. Sie schlug mir beim Schlafengehen und beim Aufstehen, sie schlug mir zu Spiel und Arbeit, sie schlug zu allen frohen und ernsten Feiern, die im Schloß begangen wurden, sie begleitete mein Tun und Denken von den frühesten Tagen an bis zu der Stunde, da ich als Braut auszog in eine neue Heimat.

Die Schloßuhr schlägt jetzt weiter über dem verwaisten Schweriner Schloß, als wollte sie die Erinnerung an das einstige Leben in seinen Mauern wachhalten. Gott der Herr segne ihr treues Wachen!

III.
Gelbensande

Wenn der Wanderer, der auf der Landstraße von Rostock nach Ribnitz seines Weges zieht, am kleinen schmucken Bahnhof von Gelbensande vorbeigekommen ist und die letzten Häuser des Dorfes hinter sich gelassen hat, so wird er dort, wo das Gehölz beginnt, acht weiße Steine bemerken, die anzeigen, daß ein fahrbarer Weg aus dem Walde herausführt. Und er wird weiter ein schlichtes schmiedeeisernes Tor sehen, das nur selten offen steht.

Dieses Tor bedeutete für mich und meine Geschwister von Jugend auf den Eingang zu unserem irdischen Paradies. Der Fahrweg schlängelt sich durch das Tor in den stillen grünen Tannenwald hinein. Würziger Nadelduft strömt einem entgegen, und die harzige Waldesluft läßt freier atmen. Der Weg ist auf beiden Seiten von Eichen gesäumt, an deren Anpflanzung wir uns noch erinnern können; jetzt gewähren sie schon lange an heißen Sommertagen kühlenden Schatten. Tritt man von der hellen staubigen Landstraße in diesen Waldesfrieden ein, dann glaubt man sich plötzlich in eine andere Welt versetzt, so still und heimlich ist alles. Biegt man nun um eine Ecke, so sieht man an einer Waldblöße jenes rötliche, mit dem charakteristischen tiefschwarzen Fachwerk durchsetzte Jagdhaus liegen, das von frühester Kindheit an unsere ureigenste Heimat gewesen ist. Mir ist das liebe Haus bis auf den heutigen Tag die Heimat meines Herzens geblieben.

Sturm brauste über mein inneres und äußeres Dasein, frohe und trübe Ereignisse erschütterten meine Seele, liebe Menschen schieden aus meinem Leben, Reiche barsten auseinander, eine Weltenwende brach über uns herein – Gelbensande blieb mir, Gott sei es gedankt, der altvertraute, heimatliche Friedenshort. Alljährlich hole ich mir dort immer von neuem die Kraft für die Aufgaben, die mir vom Schicksal gestellt sind.

Es sind nicht nur die Erinnerungen an unsere frohe Kindheit, die mich und meine Geschwister immer wieder nach Gelbensande ziehen – die wundervolle Natur lockt allein schon mit unwiderstehlicher Gewalt. An der Riviera haben wir Geschwister die Eindrücke der südlichen Alpen und der Meereslandschaft genossen, Eindrücke, die in uns den Sinn für großartige Naturschönheiten, die man vielleicht als klassisch bezeichnen könnte, geweckt haben. Hier aber im stillen Gelbensande ist uns ein noch köstlicheres Gut zuteil geworden: die Liebe zu dem, was einem wohl nur der deutsche Wald mit all seiner Poesie und seinem innigen Wesen geben kann.

Regt die große Landschaft zum Heroischen an, so erzieht der deutsche Wald zur Einkehr und zur Besinnlichkeit. Wie unendlich fein und zart ist alles, was unser Auge sieht und was an unser Ohr klingt, kaum vernehmbar, kaum wiederzugeben, und doch wie zarteste Griffe auf der Saite eines Instruments die Seele berührend. Hier glaubt sich der deutsche Mensch seinem Gott inniger verbunden als anderswo, hier ahnt er den ewigen Odem des Schöpfers und hier fühlt er sich dem Guten und Reinen näher als in dem Getriebe der Städte.

Inmitten des Waldes steht das schöne Jagdhaus. Unsere Eltern fühlten sich in diesem Hause, das Baumeister Möckel mit viel Geschmack nach ihren Plänen gebaut hatte, so wohl, wie kaum anderswo. Denn dort in der Einsamkeit konnten sie so recht nach ihrem Gefallen ein ganz ungestörtes einfaches Familienleben führen. Jeden Sommer und Herbst verbrachten sie mit uns mehrere Monate in Gelbensande. Nur wenige liebe Verwandte und Freunde leisteten ihnen, alljährlich als Stammgäste wiederkehrend, dort Gesellschaft.

Der Wald von Gelbensande besteht aus gemischten Baumbeständen. Prachtvolle Buchen wechseln mit hohen Kiefern ab, dunkle Fichten werden von Erlenbäumen abgelöst. Dazwischen stehen einzelne Eichen, deren mächtige Kronen sich schirmend über die jungen Bäume breiten. Ein schmaler Fußweg, der vor vielen Jahren angelegt wurde, ist mein Lieblingsweg. Leicht und mühelos geht es sich auf dem elastischen Waldboden, ständig wechseln die schönsten Bilder von Baumgruppen, mannshohen Farnen, Büschen und Kräutern; an lichteren Stellen flutet die Sonne auf grünes Moos schimmernd herab, immer wieder wird das Auge durch neue Ausblicke entzückt. Mein Weg führt mich vorbei an einem breiten Bach; wir nannten ihn in unserer Kindheit den »Kongo« und spielten dort mit Vorliebe. Später haben dort wieder unsere Kinder in lustigem Spiel manch kühnen Sprung übers Wasser gewagt.

Weiter geht der Weg in der Nähe eines Bergkegels vorbei, der angeblich ein Hünengrab birgt, oder, wie die Sage will, eine Burg des berühmten Seeräubers Klaus Störtebecker gewesen ist. Blieben auch einige Versuche, dort nach Schätzen zu graben, ohne Erfolg, so bot der Kegel doch Gelegenheit zu gewagten Kletterpartien. In größeren Abständen trifft man weiterhin an diesem Waldwege drei einfache Naturbänke – jede Bank ist einem von uns drei Geschwistern gewidmet. Der Name des jeweiligen »Eigentümers« ist in den Baum geschnitzt, an den die Bank sich anlehnt. Oft sitze ich dort auf meiner Bank unter den herrlichen alten Buchen, denke an die frohen Jugendtage zurück oder suche mich mit den Aufgaben und Problemen der Gegenwart auseinanderzusetzen. Dort im tiefen schweigenden Walde, im Gefühl sicherer Geborgenheit, besinne ich mich auf mein innerstes Fühlen und Denken. Dort auch halte ich Zwiesprache mit der Natur, mit der ich unlösbar verbunden bin. Und oftmals überkommt mich dann das Gefühl, als sei auch ich ein Baum, der in dem lebenspendenden Boden der Heimat verwurzelt ist, so innig verwachsen fühle ich mich mit den herrlichen alten Buchen und Tannen. Wie oft steigen dort im Walde stille, inbrünstige Gebete zum Schöpfer dieser wundervollen Natur hinauf: Bitten um Kraft, alles zu vollbringen, wie Sein Wille es gebeut, Bitten um noch festeren und noch tieferen Glauben, um nicht abzuirren oder schwach und mutlos zu werden. Stets kehre ich innerlich getröstet und neuen Frieden im Herzen von solcher einsamen Wanderung durch diese altbekannten, unveränderten Stätten meiner Kindheit ins behagliche Haus zurück.

Da meine alte Bank mit der Zeit morsch geworden war, ließen mir meine lieben Geschwister vor einigen Jahren in der Nähe der ersten eine neue setzen, die so lang ist, daß ich heute mit meinen sechs Kindern darauf sitzen kann. Ich war tief gerührt über diese Überraschung und das darin zum Ausdruck kommende Bemühen meiner Geschwister, mir meine Heimat so zu erhalten, wie ich sie von Jugend auf kenne und liebe. Kammerdiener Ihde, der vor vielen Jahren unsere Namen über den Bänken eingeschnitzt hatte, hat auch über der neuen Bank wieder meinen Vornamen mit der Jahreszahl in die Buchenrinde eingekerbt.

Ganz herrlich war es, wenn ich als junges Mädchen am frühen Morgen mit meinem Bruder durch den wundervollen Wald die weichen Schneisen entlang durch ständig wechselnden Bestand spazierenritt! Wie schön war es, vornehmlich an klaren Herbstmorgen, wenn die Sonnenstrahlen schräg durch die Laubkronen der Buchen auf den Waldboden fielen und die frisch gefallenen Blätter in rötlichem Glanz leuchteten! Die Buchenkronen flammten unter der Sonne auf, und die gelben Blätter rieselten wie Goldregen auf den Weg, der unter dem Hufschlag unserer Pferde dumpf erdröhnte. Oben im blauen Äther segelten weiße Wolken, ein Bussard, der sich mit ausgebreiteten Schwingen in der Luft hielt, stieß seinen scharfen Schrei aus. Wie schön galoppierte es sich die schnurgeraden Wege entlang, wie fröhlich waren wir, wenn wir nach flottem Tempo unsere Pferde verhielten und uns atemholend an all den Herrlichkeiten, die die Natur bot, erfreuen konnten! Wieviel Erinnerungen haften nicht für uns allerorten in dem großen Revier! Wie oft sagen wir nicht: »Weißt du noch …?« Oft sind es nicht mehr als Kleinigkeiten, für uns aber durch die gemeinsamen Erinnerungen voller Bedeutung.

Außer meinem Reitpferde standen mir zwei leichte Wagenpferde zur Verfügung. Da ich gern selber kutschierte, war es für mich die größte Freude, mit meiner Erzieherin selbständig die schönsten Fahrten durch den

Wald machen zu können. Doch gingen diese Wagenfahrten nicht immer ohne Unfälle ab. Einmal nahm ich eine Ecke zu kurz, so daß der Wagen sich auf der einen Seite tief überneigte und meine neben mir sitzende Erzieherin aus dem Wagen rollte; doch fiel sie zum Glück weich und fügte sich keinen Schaden zu. Das andere Mal nahm ich aus Versehen einen Pfahl mit, so daß die Pferde, erschreckt durch den plötzlichen Anprall, heftig anzogen. Dadurch kam der Wagen ins Kippen, und Madame Popoff, eine ältere und korpulente russische Dame, sowie meine Freundin Marie von Malschitzki, die zu Besuch waren und sich meiner Kunst anvertraut hatten, flogen in hohem Bogen hinaus. Ich war natürlich sehr erschrocken und besorgt um das Ergehen meiner beiden Passagiere, aber glücklicherweise taten auch sie sich keinen Schaden. Doch blieb mir Madame Popoffs tadelnder Ausspruch: »Werr nicht kann kutschen, derr soll es lassen!« lange eine Warnung, und ich vermied von nun an gefährliche Ecken, um meinen Ruf als Rosselenkerin nicht völlig einzubüßen.

Schöne Kindheitserinnerungen knüpfen sich weiter an ein russisches Ponygespann, zwei dicke Falben, die Mama von einem niedrigen Korbwagen aus kutschierte. Es war für uns die größte Freude, wenn wir Kinder mitfahren durften. Die dicken Pferdchen trabten dann treu und brav durch die schweren Waldwege und versuchten, mit ihren kurzgestutzten Schweifen die Fliegen abzuwehren.

Gewöhnlich war Mamas Ziel die Försterei Hirschburg, die entzückend am Ende des Waldes lag und einen wundervollen Blick auf die alte Stadt Ribnitz bot. Dort wohnte, so lange ich denken konnte, der Förster Wendt mit seiner kleinen Frau, die meist einen von Mamas Foxterriers in Pension hatte. Förster Wendt gehört zu meinen ältesten und liebsten Gelbensander Erinnerungen. Von hoher Gestalt und straffer aufrechter Haltung, die er noch im Alter beibehalten hat, das Gesicht umrahmt von einem blonden Vollbart, mit leuchtenden Augen, stand er, wenn wir kamen, in seiner schmucken Mecklenburger Forstuniform vor seinem Hause und begrüßte uns mit heller Freude. Er war sehr belesen und sprach gern über ernste Lebensfragen. Wie fehlt uns der gute Wendt, der vor einigen Jahren gestorben ist, wenn wir heute pirschen fahren und er nicht mehr an den Stellen steht, wo er meinem Bruder die Meldung abzustatten pflegte, ob ein guter Hirsch auf dieser oder jener Wiese herausgetreten sei oder im Bestand geschrien habe! Es ist mir manchmal, als schwebte sein Geist noch über seinem geliebten Hirschburger Revier, in dem er so lange Jahre gelebt und seinem Herrn in unverbrüchlicher Treue gedient hatte!

Welch eine Freude bereitete es mir stets, wenn ich mit meinem Bruder oder meiner Mutter zu den großen grünen Waldwiesen pirschen fahren konnte, und noch heute gehört eine Pirsche nach Heiligen-Höhlen zu meinen schönsten Erlebnissen im Herbst. Wenn wir frühmorgens vor Sonnenaufgang aufbrechen und durch den verträumten dämmrigen Forst fahren, hört man die Käuzchen erschreckt aufschreien und sieht, wie das Tageslicht allmählich den tiefen Schleier der Dunkelheit über dem Walde verdrängt. Mit größter Vorsicht verlassen wir den Pirschwagen und gehen behutsam auf einem schmalen Pfade durch das taufeuchte Gras und die hohen Farne an die große Wiese heran, von wo wir schon die Hirsche haben schreien hören. Längere Zeit bleiben wir dort stehen, um zu beobachten, wo das Wild sich aufhält und von welcher Seite wir gegen den Wind noch näher herankommen können. Mein Bruder, ein sicherer aber auch sehr vorsichtiger Schütze, sucht sich sorgfältig den Platz aus, von dem aus er am besten zu Schuß kommt. Während er ganz allein, um das Wild nicht zu beunruhigen, sich heranpirscht, bleiben wir andern in einem aus Laubwerk gebauten Schirm stehen, das Fernglas am Auge und das Wild scharf beobachtend. Gewöhnlich brauchen wir nicht lange zu warten, der Schuß knallt, das Rotwild mit den Beihirschen geht in hohen Flüchten ab, während der starke Vierzehnender nach allen Regeln der Waidmannskunst getroffen zu Boden sinkt. Manchmal freilich gelingt es nicht, so bald zu Schuß zu kommen. Besonders in den moorigen Waldteilen des Ribnitzer Holzes in der Nähe der See, wo das Gelände unübersichtlich ist, bedarf es oft einer langen Pirsche mit anstrengendem Herumkriechen auf dem unebenen Boden, und manchmal kehren wir ganz ohne Jagdglück heim. Doch immer sind wir reichlich entschädigt durch die überwältigend schönen Naturbilder.

Die Wiesen haben übrigens zum Teil Namenbezeichnungen, deren Ursprung man wohl im fernen Mittelalter zu suchen hat. So deuten die Namen »Mörderkuhle« und »Totenbruch« gewiß auf irgendeinen schauerlichen Mord, der in den dichten Wäldern geschehen ist. Anderseits geht der Name »Heiligen-Höhlen« auf eine Einsiedelei zurück, in der wohl der Mönch Augustin, nach dem ein benachbarter Waldteil »Augustins-Horst« heißt, ein heiliges und Gott wohlgefälliges Leben führte. Die kleine Station »Schwarzenpfost« an der Bahnlinie Ribnitz-Rostock ist nachweisbar die Stelle, wo einst der reiche Kaufmann Wullebrassen überfallen und erschlagen worden ist.

Schon mein Vater war ein passionierter Jäger gewesen und hatte dort in dem Gelbensander Forst durch jahrelanges Hegen und Pflegen eine erstklassige Rotwildjagd geschaffen. Er pirschte so viel als seine Gesundheit es ihm erlaubte. Er wurde dabei meist begleitet vom Forstmeister von Oertzen, der bis auf den heutigen Tag gottlob in alter Frische auf seinem Posten steht.

Wie oft hat mir Herr von Oertzen von ihren Pirschfahrten erzählt, wie gern höre ich immer wieder von dem geliebten Vater sprechen, der uns so früh entrissen worden ist! Eine unbeschreibliche Freude soll Papa an seinem schönen Walde gehabt haben. Und wie sollen seine Augen geleuchtet haben, wenn er einen starken Rehbock oder einen guten Hirsch zur Strecke gebracht hatte! Aber auch tiefe und ernste Dinge wurden bei diesen Fahrten besprochen, und noch heute erzählt Herr von Oertzen gerührt, wie nahe sie sich beide in diesen Stunden gekommen seien. Von ihm weiß ich auch, wie gütig mein Vater zu seiner Umgebung gewesen ist, und wie ausgleichend er stets gewirkt hat. Gegen alle Untergebenen sei Papa stets gerecht gewesen und hätte jedem gern aus der Verlegenheit geholfen, auch dann, wenn der Betreffende sich vielleicht unbedacht etwas hatte zu schulden kommen lassen.

Mit Frau Dagmar von Oertzen hat mich herzliche Freundschaft verbunden, bis Gott sie im vorigen Jahre nach einem arbeitsreichen Leben zu sich gerufen hat. Die drei Oertzenschen Kinder Karl, Marie und Anastasia, letztere ein Patenkind meiner Mutter, waren in Gelbensande meine Spielgefährten sowohl bei Streifzügen in die nähere Umgebung wie auch bei den Besuchen, die ich dem Forsthause abstattete. Diese fanden meistens im Schweinestall oder auf dem Heuboden ihren Abschluß.

Allsonntäglich besuchten wir den Gottesdienst in der Dorfkirche zu Volkenshagen. In meiner Kindheit fuhren wir mit dem Wagen dorthin; erst ging es durch den Wald und dann auf Feldwegen durch tiefen mahlenden Sand. Es war eine richtige Expedition, die den ganzen Vormittag in Anspruch nahm. Heute erreichen wir die Kirche im Auto, was sehr viel bequemer und schneller, aber sehr viel weniger poetisch ist als die früheren Wagenfahrten. Noch ein Jahr vor seinem Tode stiftete mein Vater der Kirche zu ihrer Erneuerung schöne Altarfenster, die seinen und unsere Namen als Stifter tragen. Ich entsinne mich noch deutlich des Einweihungsfestes, bei dem wir Kinder mit unserem Vater in feierlichem Zuge um die Kirche zogen.

Wie gern gehe ich auch heute noch in die kleine Kirche zum Gottesdienst! Wir sitzen immer noch in derselben Patronatsloge, der Kanzel gegenüber, alles wie ehedem. Auch die große schwarze Tafel, auf der alle Pastoren seit vierhundert Jahren verzeichnet sind, hängt noch auf der gleichen Stelle, und mein Auge schweift auch heute noch ab und zu während der Predigt zu den Namen hin, die sich in ihrer Latinisierung wunderlich genug ausnehmen; erst die Namen der letzten Pastoren sind dort auf gut Deutsch zu lesen.

Aber manches ist auch anders geworden. Nicht nur, daß die Orgel nicht mehr den vertrauten knarrenden Ton wie damals hören läßt, nicht nur, daß der Kinderchor nicht mehr so falsch singt wie früher – auch die alten schwarzen Hüte der Bauersfrauen verschwinden leider immer mehr, und die alten Trachten machen modischer Kleidung Platz. Die Greise mit Glatzen und Fischerbärten, die ehedem rechts auf der Männerseite saßen, während die Frauen die linke Seite der Kirche einnahmen, sind längst gestorben und haben einer neuen Generation Platz gemacht.

Auch die alte Sitte, daß die Gemeinde die Kirche erst während des ersten Verses des Eingangsliedes betritt, besteht nicht mehr, ebensowenig der Brauch, daß der Kantor mit dem Kinderchor die erste Strophe jedes Liedes singt und die Gemeinde erst bei der zweiten einfällt. Doch ist man wenigstens von der alten mecklenburgischen Tradition, daß der Kantor die Gebete und die Liturgie vor dem Altar singt, nicht abgegangen. Ich möchte diese Sitte auch unter keinen Umständen missen, selbst wenn der Geistliche vielleicht keine geschulte Stimme besitzt; denn es gehört nun einmal zum lutherischen Ritus. Ich habe es schon genug bedauert, daß die früher viel längere Schlußliturgie in den letzten Jahren gekürzt worden ist.

Das herrlichste an Gelbensande ist aber die Nachbarschaft des prachtvollen Waldes mit der oft in strahlender Bläue sich dehnenden, dann wieder wild dahinstürmenden Ostsee. Mein Vater hatte auf einer Ausstellung in Rostock ein hübsches geräumiges Holzhäuschen erstanden und es für meine Mutter als Teehaus im Walde aufstellen lassen. Dorthin machten wir in der ersten Zeit unsere Ausflüge, doch zeigte sich bald, daß die Lage des Häuschens im Walde eigentlich kein rechtes Ausflugsziel bot. Es wurde daher abtransportiert und zwischen den Ostseebädern Müritz und Graal auf dem Kamm einer Düne aufgebaut, von wo man eine wunderschöne Aussicht auf die See genoß. Diese Lösung war für uns Kinder eine große Freude, und fast täglich fuhren wir nun, wenn das Wetter schön war, dorthin.

Mit der Zeit wurden auch Paddelboote angeschafft, die ganz flach, aber mit Luftkästen versehen waren, um der Gefahr des Umkippens zu steuern. Trotzdem mußte man sehr ruhig sitzen, und es bedurfte einer beträchtlichen Geschicklichkeit, um die Boote richtig zu rudern oder zu paddeln. Die Boote wurden mit der Nase ins Wasser geschoben, dann setzte man sich hinein. Zwei Menschen faßten nun das Heck an und schoben das Boot mit einem Ruck ins tiefere Wasser, wo man sofort das Paddel benutzen mußte, um das Gleichgewicht gegen die heranrollenden Wellen nicht zu verlieren. An windigen Tagen war zunächst eine ziemlich starke Brandung zu durchqueren; dabei spritzte der Gischt hoch auf und durchnäßte nicht selten die Insassen bis auf die Haut. War man erst vom Ufer abgekommen, so paddelte es sich ruhiger. Für mich hatte dieser damals noch neue Sport einen eigenen Reiz. Infolge der niedrigen Lage, in der man in den Booten sitzt, war die Nähe des Wassers besonders spürbar, und man hatte das seltsam erregende Gefühl einer unmittelbaren Verbundenheit mit dem Meer. Das kleine Boot hob und senkte sich mit den Wellen. Die Arme mußten tüchtig arbeiten, um das Boot vorwärts zu bringen; es war, als ritte man auf dem Meere, das in ständiger Bewegung unter dem Boot dahinrollte.

Wir blieben mit unserem Boot meist in der Nähe des Strandes, wo die Burgen der Ferienkinder sich aneinanderreihten und die Fähnlein lustig im Winde flatterten. Der Strand war in meiner Jugend übrigens erheblich breiter als jetzt, durch Sturmfluten ist mit der Zeit immer mehr Land verloren gegangen. Selbst die Dünen sind unterspült worden und zusammengestürzt, so daß unser Teehaus mehrmals zurückversetzt werden mußte. Damals war alles noch sehr primitiv, und man watete durch tiefen Sand, wenn man die Brücken von Graal und Müritz erreichen wollte. Jetzt geht man auf einer schön geklinkerten Strandpromenade spazieren, die auf dem Kamm der Dünen angelegt ist.

Wenn es zum Bootfahren zu stürmisch war, buddelten wir im Sand, warfen Burgen oder Wälle auf und leiteten das Seewasser in einem Kanal um sie herum. Dann sprangen wir auf unsere Burg und fühlten uns wie auf einer Insel im Meer. Einen Hauptspaß bildete auch das Balancieren auf den Buhnen, die den Strand gegen den Anprall der See schützten. Wir hüpften auf ihnen von Pfahl zu Pfahl, bis wir weit draußen der Wucht des Meeres preisgegeben waren und ängstliche Bonnen oder Erzieherinnen uns zurückriefen. Ich hatte meist zu dergleichen Unternehmungen hohe Russenstiefel an, mit denen ich ziemlich weit ins Meer hineingehen konnte.

Abends, wenn die Sonne sank, wurde die Rückfahrt angetreten. Die Fahrt durch den prachtvollen, in Dämmerung versinkenden Wald war wieder ein so großer Genuß, daß sie für mich fast den Höhepunkt des Ausflugs bedeutete. Gewöhnlich wurde ein anderer Weg als auf der Hinfahrt gewählt, und wir fuhren nun an den saftigen Waldwiesen vorüber, auf die das Rotwild in der Abendkühle hinauszutreten pflegte. Wir mußten uns dann mucksmäuschenstill verhalten, um das Wild nicht zu schrecken.

Schon von weitem schimmerte es rotgelb durch die Bäume, wenn ein starkes Rudel friedlich auf der grünen

Weide äste. Wehte der Wind uns entgegen, so ließ es den Wagen ruhig vorüberfahren. Kamen wir aber mit dem Winde, so warfen die Alttiere bald auf, äugten uns aufmerksam an, die Kälber liefen im Rudel herum, das Leittier ergriff die Führung, und flüchtig gingen sie alle zu Holze. Im Sommer, wenn die Hirsche noch recht zutraulich waren, konnten wir sie auch häufig an den Futterstellen sehen. Es war immer ein überaus malerisches Bild, die stolzen Geweihe aus dem hohen und dichten Farnkraute herausragen zu sehen.

Einen ganz anderen, possierlichen Eindruck machte es, wenn wir Schwarzwild sahen und die wilden struppigen Gesellen mit rauhem Gegrunz und hoch erhobenem Purzel durch das Gehölz davontrabten. Manchmal war es eine Bache mit vielen kleinen gestreiften Frischlingen, die aufgeschreckt in schnellem Lauf durch das trockne Laub raschelten. Als ich noch klein war, war es mir doch ein wenig unheimlich, wenn in der Abenddämmerung ein Wildschwein unter den hohen Farnen mit lautem Schnaufen vor uns hochkam.

Sonst aber war tiefes Schweigen im abendlichen Walde. Die Pferde gingen im Schritt, und man hörte nur das ächzende oder mahlende Geräusch der Räder, und dann und wann ein Klingen des Geschirrs, wenn einer der vier Rappen mit dem Kopf schlug.

In früheren Zeiten kamen mein Großvater oder die Brüder meiner Mutter alljährlich aus Rußland zur Brunftzeit nach Gelbensande. Das waren dann immer besondere Festtage für Mama und uns. Auch die Mecklenburger Onkels waren regelmäßige Jagdgäste, vor allem der gute Onkel Paul, der so gemütlich aus alten Zeiten erzählen konnte.

Einmal in jedem Jahre erschien auch die Domina vom Damenstift des früheren Clarenklosters in Ribnitz, eine liebe alte Dame in langem schwarzen Seidenkleid mit Ordensband und um den Kopf einen weißen Schleier. Nicht viel später statteten wir dann den Konventualinnen im Kloster unseren Gegenbesuch ab, wohnten auch dann und wann dem Gottesdienst in der alten Klosterkirche bei.

Den Höhepunkt des Sommers bildete stets Mamas Geburtstag am 28. Juli, der immer in Gelbensande gefeiert werden konnte. Wir Schwestern waren schon lange Zeit vorher geheimnisvoll damit beschäftigt, unsere Mutter mit irgendeinem selbstgefertigten Geschenk zu überraschen. Meine Schwester brannte und malte eine Arbeit auf Leder – noch heute steht von ihr ein Ofenschirm im Salon – ich machte kleine Handarbeiten oder malte ein Bildchen. Mit dem ersten Zuge traf Frau Bock ein, die Inhaberin des bekannten Berliner Blumengeschäfts, um die zahlreichen Arrangements, die Mamas Bekannte bei ihr bestellt hatten, selbst auszupacken und aufzubauen. Den Hauptschmuck bildeten Mamas Lieblingsblumen, die Wicken, die um diese Zeit in voller Blüte standen, daneben prangten Rosen und Nelken in schönsten Sträußen und Körben auf den Tischen. Das Eßzimmer glich in diesen Tagen einer Blumenausstellung, ein wundervoller Duft erfüllte alle Räume. In späteren Jahren hat Frau Bock uns in Berlin die Kotillonsträuße für unsere Bälle geliefert.

Zu Mamas Geburtstag kam mit anderen Gästen auch stets der Freiherr von Maltzan aus Penzlin, einer ihrer treuesten Freunde. Er legte die lange Fahrt noch im Wagen zurück, da ihm die Eisenbahn zu neumodisch war, und erschien uns Kindern damit immer wie ein Überbleibsel aus einer versunkenen Zeit. Es gehörte ferner zur Geburtstagstradition, daß Frau von Oertzen Mama mit einem selbstgebackenen Kuchen und einem Korb mit Perlhuhneinern, die auf Salz lagen, beschenkte.

Den ganzen Tag über regnete es Telegramme, bei deren Beantwortung wir Mama nach Kräften halfen. Nachmittags fuhren wir entweder ins Teehaus an die See, wohin die Kinder des Friedrich-Franz-Hospizes in Müritz zum Gratulieren kamen, oder wir spielten mit den Gästen aus Heiligendamm Tennis. Der schöne Tag verging uns stets gar zu schnell, denn Mamas Geburtstag war für uns Kinder ein Freudentag von ganz besonderer Art. Wir denken noch heute mit Wehmut an jene Zeit zurück und begehen ihn, seitdem Mama uns verlassen hat, alljährlich still für uns.

Meine Mutter war eine leidenschaftliche Tennisspielerin. Sie ließ daher unweit des Jagdhauses einen Tennisplatz anlegen und lud auch öfter berühmte Tennisspieler ein. So wohnten z. B. mehrere Male die Brüder Doherty bei uns, die mit Mama und ihrem Kammerherrn Grafen Voß sowie der Gräfin Clara Schulenburg manch scharfes Spiel ausfochten. Der berühmte Professional Burke, der Vater der beiden bekannten Brüder, kam regelmäßig jeden Sommer auf einige Wochen nach Gelbensande, übte viel mit Mama und gab auch uns Kindern Unterricht.

Auch mein Geburtstag wurde regelmäßig in Gelbensande gefeiert. Der Gabentisch stand stets an derselben Stelle in der gemütlichen Halle. Da mein Geburtstag gerade in die Zeit der Heidekrautblüte fällt, bekam ich als Kind immer viel Sträuße von Heidekraut geschenkt, das mir durch diese Erinnerungen besonders lieb geworden ist. Frühmorgens kamen Oertzens zum Gratulieren, nachmittags zur Schokolade die Kinder, und abends erschienen alle Angestellten von Haus und Stall mit bunten Lampions in der Hand und zogen mir zu Ehren in langem Zuge um den freien Rasenplatz herum. Allen voran ging unser langjähriger Haushofmeister Gagzow. Er war als Heiduck bei Großmama Marie in den großherzoglichen Dienst eingetreten, hat dann bei meiner Mutter dieselbe Stellung bekleidet und sich so bewährt, daß sie ihm die Leitung ihres Haushalts in Cannes und Gelbensande übertrug. Er war ein Hüne von Statur, der Getreueste der Treuen. Er hat mich, als ich ein kleines Kind war, noch auf seinen Armen getragen. Neben ihm ging mit trippelnden Schritten die kleine Beschließerin Frau Rust, die Mama in allen häuslichen Angelegenheiten zur Seite stand. Es würde zu weit führen, wenn ich alle unsere alten Diener und Kutscher, die uns betreut haben, aufzählen wollte. Ich bewahre sie alle in herzlichem Gedächtnis und denke an sie zurück wie an alte Freunde.

Bald nach meinem Geburtstag pflegte Mama zu ihrem Herbstaufenthalt nach Paris abzureisen, und mein Bruder fuhr nach Ludwigslust. Ich aber blieb mit meiner Erzieherin Miß King noch längere Zeit in Gelbensande zurück; dann hausten wir ganz allein und urgemütlich im Jagdhaus. Wir konnten uns den Tag ganz nach unseren Neigungen einrichten. Natürlich nahmen die Unterrichtsstunden einen großen Raum ein, aber in der freien Zeit machten wir weite Fahrten durch den täglich herbstlicher werdenden Wald, pirschten uns wohl auch an das friedlich äsende Wild heran, oft auf allen Vieren, um möglichst aus der Nähe beobachten zu können. Manchmal auch lud ich mir meine Freundin Sibylle von Laffert auf einige Tage ein, mit der wir die schönsten Spiele machten, oder es kam die alte Nana Jenkins aus Schwerin herüber. Abends, wenn es schummrig wurde, gingen wir mit einem Lampion in der Hand in der Nähe des Hauses umher und sangen wie alle mecklenburgischen Kinder das Laternenlied: »Laterne, Laterne, Sonne, Mond und Sterne, brenn auf mein Licht, brenn auf mein Licht, nur meine liebe Laterne nicht!« Jetzt ziehen unsere Töchter mit ihren Lampions umher und singen das liebe alte Lied.

Ab und zu besuchte uns auch das bereits erwähnte Fräulein von Malschitzki, die in Schwerin lebte. Ihre Mutter und ihre Tante waren seinerzeit die Erzieherinnen meiner Tanten Miechen und Annchen gewesen. Sie war eine gütige Frau, malte entzückend und hat manch schönes Aquarell auch in Gelbensande angefertigt. Sie war für mich eine ältere Freundin, die mir bis zu ihrem vor einigen Jahren erfolgten Tode in vielen ernsten Lebensfragen mit ihrem Rat zur Seite gestanden hat.

Abends nach Tisch spielte ich manchmal auf Mamas Flügel im schönen hellen Salon, oder Miß King unterhielt mich durch ihr Klavierspiel, während ich mich meiner Freude an guten Büchern ungestört hingeben konnte. Dieser stillen Abende gedenke ich noch heute gern. Niemals habe ich mich, auch wenn ich wochenlang mit meiner Erzieherin allein war, in Gelbensande einsam gefühlt. Ich war innerlich viel zu sehr mit meinem geliebten Walde verbunden. Jeder Laut eines Vogels, das leise Stöhnen des Windes, der herbstlich durch die Baumwipfel fuhr, das fallende Blatt, das durch die Luft flatterte, die über den Waldboden huschenden Tritte des Wildes, das Knacken eines trockenen Astes oder der scharfe Klang des Geweihes, wenn ein Hirsch eilig durch die Bäume flüchtete, oder das unheimliche Röhren des Königs des Waldes – alles das waren mir liebe bekannte Laute, die mein Herz mit Dank erfüllten gegen Gott und mir das Gefühl gaben, unlösbar eins zu sein mit Seiner Natur.

Mit welcher Ehrfurcht schaute ich abends vor dem Schlafengehen noch zu den hohen, schlanken Tannen empor, die schwarz und schweigend um das Haus stehen und mit ihren Ästen fast in die Fenster hineinwachsen! Die ganze Natur schien anbetend vor ihrem Schöpfer den Atem anzuhalten. Auch in meine junge Seele senkte sich die Ruhe des Abendfriedens, und mit dem sicheren Bewußtsein, in Gottes Hut zu stehen, schlief ich ein.

Oft trieb mich die Sehnsucht, in aller Frühe aufzustehen. Nie ist die Natur schöner als kurz vor Sonnenaufgang, wenn im Walde die Stille fast hörbar wirkt, wenn der Bodennebel auf den Wiesen wie ein weißer Schleier liegt und allmählich vom jungen Morgenrot durchglüht wird, wenn die dunklen Baumstämme vom werdenden Tageslicht Farbe erhalten, das Grau der Buchen silbrig erschimmert und die Tannen von den ersten Sonnenstrahlen vergoldet werden.

Dann möchte man niederknien und anbeten. Die Seele schwingt sich auf zur Allmacht Gottes, dessen unerforschliche Weisheit und Güte alles das erschuf, was wir schauen dürfen. Eine tiefe Ruhe überkommt uns, und die Gewißheit zieht in unser Herz ein, daß auch wir inbegriffen sind in den Heilsplan, nach dem die Allmacht Gottes regiert.

Dieses Heilsplans kann jeder Mensch teilhaftig werden, wenn er ihm nur seine Seele öffnet, sein ganzes Sein und alles, was er beginnt, unter Gottes Willen stellt und Ihm bedingungslos vertraut. Die Kräfte, die einem solchen Menschen zuströmen, sind unbegrenzt. Sein Glaube kann Berge versetzen, wenn er nichts als den höheren Willen wirken läßt. Je stärker die Kräfte des Glaubens, desto leichter das Überwinden irdischer Hindernisse. Oft werden Rückschläge den Aufstieg zur klaren Höhe hemmen, aber es gilt immer wieder, den Kleinglauben und die Selbstsucht zu überwinden, denn sie beide sind die bösesten Feinde, die uns auf dem Wege zur Klarheit begegnen. Wer ihrer aber Herr wird, dem kann nichts mehr geschehen; froh und frei wird er seines Weges ziehen, da das Reich Gottes hier auf Erden bereits für ihn erschlossen ist.

Diese und ähnliche Gedanken überkommen mich, wenn ich im geliebten Gelbensander Walde weile und Muße finde, einmal alles abzustreifen, was die hastende Welt an Unkraut um Herz und Seele geschlungen hat.

Wie andächtig ward mir in meiner Kindheit zumute, wenn ich das Raunen der Baumwipfel vernahm, die von einem Luftzug gestreift, sich zueinander neigten! Was liegt nicht alles inbegriffen in der Zwiesprache, die die Natur mit sich hält!

Herbstlich glänzte der Wald in seiner bunten Pracht, der klare blaue Himmel wölbte sich darüber, und die Sonne erweckte mit ihren Strahlen überall ein helles Leuchten und Flimmern. Altweibersommer schwebte wie Flachsfäden durch die Luft und hing sich an sterbende Farne. Hier und da blitzte das Rot der Ebereschen wie ein Feuerbrand auf; köstlich herber Duft ließ die Schritte schneller werden. Ich witterte den Winter. Für mich, die wie ein Zugvogel alljährlich gen Süden ziehen mußte, barg diese Ahnung etwas Geheimnisvolles in sich, etwas, nach dem ich Sehnsucht hatte.

Der Herbst bedeutete den Tod für so vieles Schöne, das den Sommer über geblüht und geprangt hatte. Er bedeutete für mich den Abschied von der geliebten nordischen Heimat; leise Melancholie zog durch meine Seele. Trotzdem gewann ich damals und gewinne ich jetzt noch stets besondere Kräfte aus diesen herbstlichen Tagen, aus dieser herben Atmosphäre des Abschieds. Das Träumen des Sommers mit seinen Blumen, seinen stillen blauen Wassern geht zu Ende, und die schaffende Arbeit soll nun beginnen.

Dort im Gelbensander Wald, in dessen Stille und in dessen Frieden ich schon als Kind mein Hoffen, mein Bangen, mein Wünschen und mein Flehen zu Gott trug, dort kehre ich auch heute noch ein. Dorthin gehe ich wie der Pilger aus fernen Landen zur stillen Quelle der Einsiedelei, oder wie das Kind, das sich an seiner Mutter Brust flüchtet.

IV.
An der Riviera

Viele Winter meiner Jugendzeit habe ich am Gestade des blauen Mittelmeeres verlebt. Wenn ich von unserem Leben in Cannes sprechen soll, so muß ich zuerst bekennen, daß ich trotz der wundervollen süßlichen Landschaft und des herrlichen Klimas niemals die Sehnsucht nach der nördlichen Heimat verloren habe, von der ich jeden Herbst auf ein halbes Jahr Abschied nehmen mußte. Mit Ungeduld habe ich stets im Frühling die Tage bis zu unserer Abreise nach Mecklenburg gezählt. Jedoch später, als ich verheiratet war und es in Berlin oder Potsdam gar nicht Frühling werden wollte, da zog es mich wohl oft nach der Côte d'azur, mit der mich so viele Kindheitserinnerungen verbinden. Ja, auch jetzt steigt manchmal die Sehnsucht nach der schönen Riviera in mir auf, und es ist mir eine Freude zu wissen, daß die dortige Bevölkerung über die langen Jahre und den Krieg hinaus die »Princesse Cecile«, die bei ihnen aufwuchs, nicht vergessen hat.

Wir trafen meist Anfang Dezember über Lyon und Marseille oder von Paris kommend in Cannes ein. Von Marseille an begann die Bahnfahrt wunderbar schön zu werden: reiche Felder von roter Erde, Weinreben, Eichenhaine in der Ebene, im Frühling unzählige blühende Mandelbäumchen auf diesen roten Feldern – ein entzückender Anblick! Zierlich und fein wie rosa Balletteusen leuchteten die Bäumchen auf der schweren lehmigen Erde.

Von St. Raphael ab fuhr die Bahn am Meeresufer entlang. Der Zug jagte an roten Felsen vorüber, die schroff ins Meer hineinragten, durch Tunnel, die die herrliche Aussicht minutenlang versperrten; malerische Dörfer, Pinien, wie breite Schirme gewachsen, flogen vorüber. An einigen Stellen lief die Strecke so hart am Ufer hin, daß man oft meinte, es müßte der weiße Gischt der heranprallenden Meereswogen an den Zug branden. Hatten wir das Esterelgebirge durchfahren, dann lag schließlich die Bucht von La Bocca vor uns, links das weite Tal des Flusses Siagne. Dorthin trägt mich oft die Erinnerung, Erinnerung an schöne Fahrten, an liebliche Blumen, die ich im Frühling dort so manches Mal gepflückt habe. Die bekannten Hotels wurden sichtbar, die Route de Fréjus, dann ein letzter Tunnel, der Zug verlangsamte seine Geschwindigkeit, und keuchend hielt er auf dem schmalen Bahnhof von Cannes.

Unbeschreiblich schön schmiegt sich Cannes mit seinen grünen Hügeln, seinen herrlichen Gärten, seinen weißen Villen und seinem Hafen, über dem die malerische Altstadt wacht, an die von der Natur so reich ausgestattete Côte d'azur. Monte Carlo, angelehnt an den grauen Felsenberg, hoch über dem blauen Mittelmeer gelegen, mag einen erhabeneren Anblick bieten, Nizza mit seinen schönen Boulevards und Läden mag großstädtischer wirken – aber sie reichen beide nicht heran an das friedliche, meerumrauschte Cannes. Damals in meiner Kindheit war es ein stiller Ort, nur besucht von vornehmen Familien, die zurückgezogen in ihren schönen Villen oder in den Hotels wohnten, die oft wie Schlösser wirkten; das laute gesellige Getriebe war in Nizza und Monte Carlo zu Hause. Jetzt nach dem Weltkrieg soll es anders aussehen, Cannes ist ebenfalls »mondän« geworden und mit einem Kasino und anderen lärmenden Vergnügungsstätten ausgestattet. Alles das gab es bis zu meiner Verheiratung im Jahre 1905 noch nicht.

Vom Bahnhof ging die Fahrt durch die Stadt – in den ersten Jahren im Wagen, später im Automobil – oder am häufigsten die Bahn entlang hinaus auf die Route d'Antibes. Dann ging es den steilen Berg hinauf zu unserer »Villa Wenden«, die fröhlich und willkommenheißend auf dem Berge lag.

»Villa Wenden«, benannt nach dem Volke, dem unser Geschlecht einst angehört hatte, war ein stattlicher weißer Bau in südlichem Stil, der weit hinübergrüßte über Gärten und Anlagen bis an das Mittelmeer; mein Vater hatte ihn sich in den Jahren 1887 bis 1889 erbauen lassen. Die Räume waren hoch und geräumig, meist weiß getüncht. Nur die Halle, in der wir oft abends am brennenden Kamin gesessen haben, machte einen dunklen, wenn auch äußerst behaglichen Eindruck. Dort hing auch das schöne Bild meiner Mutter, das Herkomer in London gemalt hat. Der große Salon hatte seine ganze Fensterfront nach der See. Daneben lag das Rauchzimmer, eine Art Wintergartenanbau, ganz mit Glaswänden ausgestattet, die sich verschieben ließen. Hier wurde meist nachmittags der Tee eingenommen. Im Frühjahr standen die Glastüren zur Marmortreppe auf, und das Auge konnte dann weit über das blaue Mittelmeer hinausschweifen, wo in der Ferne Dampfer ihres Weges zogen oder die bunten Segel der Sandbarken, »Lesteurs« genannt, dahinglitten.

Rechts zeichnete sich das Esterelvorgebirge gegen den westlichen Himmel ab, in wundervollen Linien ins weite Meer hinausgreifend.

Mama hatte einen entzückenden Balkon vor ihrem Boudoir, an dessen schmiedeeisernem Gitter Maréchal-Niel-Rosen rankten. Die Terrasse vor dem Rauchzimmer war mit herrlichen Glycinen bewachsen, eine Wand des Hauses ganz mit Baugainvillas bedeckt. Die Rosen blühten vom November ab fast den ganzen Winter hindurch. Auch ich hatte einen schönen Balkon, von wo aus ich den herrlichen Blick über das Meer und die Esterels genießen konnte. An manchen Tagen, ganz frühmorgens, kurz vor Sonnenaufgang, glaubte man über dem Horizont im Osten eine Fata Morgana zu sehen: es war die Insel Korsika mit ihren hohen Bergen, die zu uns herübergrüßte.

Der Garten der Villa bestand aus zwei Teilen, die sich in zwei verschiedenen Höhenlagen befanden; eine Brücke überwölbte die zwischen ihnen liegende Straße. In dem oberen Garten mit seinem schönen Rasen standen Palmen in Gruppen umher, aus dem dunklen Laub der Orangen- und Zitronenbäume leuchteten die roten und gelben Früchte. Eine hinter immergrünen Pflanzen ganz verborgene Pergola war mein Lieblingsplatz. Eine hohe Mauer, an der wundervolle Kletterrosen in langen Girlanden herunterhingen, schloß den Garten gegen die Straße ab; man hatte den Eindruck, hoch oben auf einer Festungsmauer zu stehen.

Die schmale Brücke verband diesen »zahmen« mit dem »wilden« Garten, wie wir den unteren Berghang nannten, auf dem Pinien und Gestrüpp wild wucherten. Ein prachtvoller Mimosenbaum blühte hier in jedem Februar in unbeschreiblicher Pracht; ein Sonnenbaum schien er mir, so hell leuchteten seine kleinen gelben Blüten in der sonnenüberfluteten Landschaft. An diesen Baum habe ich in Berlin später oft denken müssen, wenn der Himmel im Februar noch grau verhangen war oder gar Schneeregen niederging. Ab und zu sah man wohl Mimosen in den Blumenläden, aber was waren diese armen, von der langen Reise ermüdeten Blütenzweige gegen unsern Baum im Garten der Villa Wenden? Er soll im vorigen Winter erfroren sein. Unser Haus ist jetzt in andere Hände übergegangen – vielleicht wollte unser Mimosenbaum keinem anderen Herren dienen!

Welch herrlichen Sonnenuntergänge habe ich da nicht erlebt! Der Himmel erglänzte zunächst in allen Farben des Regenbogens vom Tief-Violett und Blutrot bis zum ätherischen Nilgrün. Allmählich wurden die Farben blasser und gingen in Zartrosa über, die Esterels sanken in schwarze Schatten, und der Abendstern ging blinkend auf, bis am Ende der Mond das leise bewegte Meer in einen Farbenrausch von Gold tauchte. Ein Konzert von Fröschen machte die Begleitung zu diesem Nocturno, nicht laut und quarrend wie bei uns die Unken, sondern wie ein heller Chor von feinen Instrumenten. Tausende von kleinen Laubfroschkehlen sangen dieser Art ihr Abend- und Liebeslied.

Am schönsten war es in Cannes Ende April, Anfang Mai. Die Luft war mild und durchglüht von der Sonne, die nun in fast ununterbrochenem Anstieg täglich in höherem Bogen ihre Bahn zog, alles in Licht und Wärme tauchend. Kleine, zart duftende Bankcia-Röschen fielen in weißen und gelben Kaskaden über die Steinmauer, die den Weg hinter »Villa Wenden« einfaßte, kletterten auch bis hoch in die Palmen hinauf. Mittags kräuselte eine leichte Brise die Oberfläche des Meeres. Still und verträumt plätscherte es gegen die weißen Felsen der Inseln. Man konnte in den kleinen Felsbuchten bis auf den Grund sehen und jeden Stein und jede Muschel klar erkennen. Tiefgrün schimmerte die Farbe des stillen Wassers.

Wie genußreich war es in diesen unbeschreiblich schönen Frühlingstagen, nach den nahen Inseln St. Marguerite und St. Honorat hinüberzufahren! Ruhig die Hinfahrt am frühen Morgen, ruhig auch die Heimfahrt am späten Nachmittag. Nur die Farben von Meer und Himmel hatten gewechselt. Jetzt fuhr man durch rosa gefärbte Fluten, die den Abendhimmel widerspiegelten, die Esterels lagen tiefviolett zu unserer Linken, und der Himmel verfärbte sich zu lichtem Opalglanz.

Nicht immer waren die Tage so heiter, nicht immer blaute der Himmel wolkenlos über uns. Von Zeit zu Zeit setzte eine Regenperiode ein, die meist auf drei Tage die ganze Landschaft in undurchdringliches Grau tauchte, in dem die Berge und das Meer verschwanden. Dann regnete es Tag und Nacht. In eintönigem Rhythmus fielen die schweren Tropfen vom Himmel und bannten die Menschen ohne Erbarmen ans Zimmer. Mir aber waren diese Regentage oft recht willkommen, denn ich gewann dann wenigstens Zeit zum Lesen, wozu ich an gewöhnlichen Schultagen nur selten kam.

War schließlich der Regen vorbei, so erstrahlte die südliche Sonne wieder in voller Schönheit, und fast geblendet von all der Farbenpracht genoß man von neuem den Anblick des tiefblauen Meeres und der herrlichen Seealpen, die in der Ferne im frisch gefallenen Schnee leuchteten.

Weit schneller noch änderte sich aber das Landschaftsbild, wenn der »Mistral«, der Westwind, heraufzog. Am frühen Morgen hatte das Meer noch friedlich und glatt dagelegen, nur die Berge schienen immer näher zu rücken, die fernsten Bäume und Felsen wurden deutlich erkennbar. Der Himmel nahm allmählich eine tiefblaue Färbung an, zarte Windwölkchen zogen auf, die wie lustige Fähnlein im Winde flatterten. Gegen Mittag bedeckte sich die Bucht mit weißen Schaumköpfen, der Wind frischte auf, und bald jagte, gegen Abend schnell wachsend, der Mistral über Meer und Land. Nachts wurde er fast zum Orkan. Er bog die Palmen um wie Federwische, die ein Riese hin und her fuchtelte, heulte mit ohrenbetäubendem Lärm um die Ecken des Hauses und rüttelte an den Mauern, daß man fast glauben konnte, das Haus würde einfallen. Ich liebte ihn aber und fühlte mich wohl in dem entfesselten Element.

Viele Jahre später, als wir in Zoppot das »Seehaus« bewohnten, habe ich ähnliche Stürme, die von Norden kamen, erlebt. Selten aber zeigten sie die ungeheure Wucht, die jubelnde, jauchzende Kraft, mit der der Mistral durchs Land rast.

Wie dankbar bin ich dem Schicksal, daß es mir diese frühen Eindrücke vergönnte und daß ich in dieser herrlichen Umgebung aufwachsen durfte! Noch jetzt sehe ich die Wunderbilder südlicher Natur im Geiste vor mir, ja ich kann sagen, daß diese Landschaft mir zu einem seelischen Besitz geworden ist.

Auf diesem paradiesischen Fleckchen Erde konnten meine Eltern ungestört ihren Neigungen, vor allem dem Sport und der Geselligkeit leben.

Es war für damalige Zeiten noch etwas Außergewöhnliches, daß meine Eltern Sport liebten. Meine Mutter spielte, wie ich schon erwähnte, leidenschaftlich gern

Tennis. Kein Tennisturnier wurde in Cannes auf den Plätzen des Hotels Beau-Site ausgefochten, an dem sie nicht aktiv oder als Zuschauerin teilgenommen hätte. Viele internationale Tennisgrößen, wie z. B. der Altmeister des Lawn-Tennis-Spiels, Mr. Simpson, spielten in Cannes. Graf Voß, der Kammerherr meiner Mutter, verteidigte als langjähriger deutscher Tennismeister mit Erfolg die deutsche Ehre auf den Tennisplätzen.

Mein Vater seinerseits gab sich, soweit es seine Krankheit zuließ, mit großer Freude dem Segelsport hin. Er besaß mehrere Jahre die Segeljacht »Aranella«, später wurde sie durch die Tourenjacht »Palatina« ersetzt. Er hat öfter Regatten gewonnen, in denen er sich mit englischen und französischen Jachten in der Bucht von Cannes und La Bocca maß. Die Preise zieren heute die schöne Halle des Jagdhauses Gelbensande. Wir drei Geschwister haben die Liebe zum Meer und die Passion des Seefahrens von meinem Vater geerbt, und sie hat sich zu unserer Freude auch auf unsere Kinder übertragen. Mir selbst bereitete in der Tat nichts größeren Genuß als auf der See zu sein. Wie oft sind wir mit unserer braunen Dampfbarkasse »Fee« nach St. Honorat und St. Marguerite hinübergefahren, wo dann an irgendeinem schönen Plätzchen unter duftenden Pinien gefrühstückt, hinterher eine Wanderung durch die Wälder oder eine hals- und beinbrecherische Kletterpartie auf den weißen Felsen veranstaltet wurde!

Oft erlebten wir es auch, daß die französische Flotte in dem »Golfe de Juan« vor Anker lag. Da war es ein interessantes Ziel unserer Fahrt, um die gewaltigen schwarzen Kolosse dieser Schiffe herumzufahren. Wie oft sind wir damals friedlich mit der deutschen Kriegsflagge an unserem Achtersteven mitten zwischen der französischen Flotte gekreuzt, ohne zu ahnen, daß sie dereinst uns feindlich gegenüberstehen würde!

Ich hatte nichts lieber, als wenn die See bewegt war und unsere Schiffsspitze sich tief in die heranrollenden Wogen einbohrte, indes die Schraube achtern in der Luft schwebte und laute stoßende Umdrehungen machte. Immer wieder stieg das elastische Schiff siegreich hoch und erklomm den Wasserberg. Ich fand es herrlich und etwas unheimlich zugleich. Meine Begleitung jedoch konnte diesen schaukelartigen Schiffsbewegungen ganz und gar keinen Geschmack abgewinnen, und wir mußten daher bei bewegter See in der Nähe des Strandes bleiben, wo allerdings meist die Grundseen auch keine übermäßig ruhige Fahrt gewährleisteten, oder wir suchten Gewässer auf, die unter Windschutz lagen. Ich mußte meist meine Bücher mitnehmen, um meine Aufgaben zu machen, aber sehr viel wird wohl dabei nicht herausgekommen sein – angesichts dieser überwältigend schönen Natur, die mich mit unendlicher Bewunderung erfüllte!

Ich entsinne mich aber auch noch einer Fahrt auf die Insel St. Marguerite, die ich mit zwei Freundinnen in einem kleinen offenen Segelboot unternahm und die beinahe tragisch geendet hätte. Wir waren morgens bei schönstem Wetter und schwachem Winde fortgesegelt. Als wir aber im herrlichen Pinienwalde auf der Südseite der Insel unser Frühstück einnahmen, erhob sich eine starke Brise, die in kurzer Zeit zu einem tüchtigen Sturm anwuchs. Der Kapitän, der wegen der Rückfahrt ängstlich wurde, steuerte das Boot um die Spitze der Insel herum und nahm uns auf der dem Festlande zugekehrten Nordseite auf, in unmittelbarer Nähe der Festung, wo einstmals die historische »Eiserne Maske« lange Jahre gefangen gehalten worden war. Von dort war die Überfahrt bis an die »Pointe de la Croisette«, den nächsten Landungsplatz, nur einige Seemeilen weit.

Kaum waren wir aber aus dem Schutze der Insel heraus, so packte der Wind unser kleines Segelboot und warf es hin und her, so daß unsere braven Seeleute ein recht bedenkliches Gesicht machten. Die Wellen waren innerhalb weniger Stunden beträchtlich gewachsen, ab und zu schlugen sie über den niedrigen Bordrand, füllten das Boot mit Wasser und machten uns allmählich patschnaß. Es war eine recht ungemütliche Lage, in die wir geraten waren, und ich entsinne mich, daß wir drei jungen Mädchen und unsere Begleitung nicht geringe Angst ausstanden, ob wir auch das Land wieder heil erreichen würden. Jedenfalls waren wir von Herzen froh, als wir endlich wieder festen Boden unter den Füßen fühlten. Mir hat diese kleine Episode lange Zeit den Geschmack am Seefahren verdorben, und ich bekam richtige Nerven, wenn wir auf der »Fee« in heftigen Seegang gerieten. Nach und nach verlor sich aber dieses Angstgefühl, und meine große Freude am Bootfahren kehrte wieder.

Größere Fahrten zur See machten wir alljährlich als Gäste einer amerikanischen Dame, Mrs. Robert Goelet, auf deren schöner weißer Dampfjacht »Nahma«. Mrs. Goelet war eine äußerst liebenswürdige Frau, die viel leidend und von mannigfachen Schicksalsschlägen heimgesucht, in ihrem entzückenden schwimmenden Heim Trost und Erholung auf der See suchte. Sie hatte ihre einzige Tochter, die mit mir gleichaltrig war, bald nach einem gemeinsamen Ausfluge mit uns nach den Inseln verloren, und ich glaube, sie mochte mich persönlich so gern, weil ich sie in irgendeiner Weise an die Verstorbene erinnerte. Später ist Mrs. Goelet mehrmals zur Kieler Woche gekommen und auch von meinem Schwiegervater mit seinem Besuch ausgezeichnet worden. Einmal hat sie mich dann noch zu einer schönen Fahrt von Travemünde nach Danzig eingeladen, war damals aber schon schwerkrank und konnte sich nur mühsam aufrecht halten; ein halbes Jahr später ist sie ihrem Leiden erlegen. Mrs. Goelet mit ihrer »Nahma« gehört zu meinen liebsten Jugenderinnerungen; in warmer Dankbarkeit denke ich an die schönen Naturgenüsse zurück, die mir diese liebenswerte Amerikanerin bereitet hat.

Ein Erlebnis aus etwas späterer Zeit, dessen Erinnerung eng mit Cannes verbunden ist, mag hier angefügt sein. Es war eine Fahrt, die wir im Jahre 1903 auf dem russischen Panzerschiff »Rjetwjesan« (dieser Name ist normannischen Ursprungs und leitet sich her aus dem Worte: Recht-wis-an) machten, das sich auf der Fahrt nach Ostasien befand. Meine Mutter fuhr mit mir nach Toulon, wo wir an Bord dieses damals ganz modernen großen Kriegsschiffes gingen und die Fahrt bis Monaco mitmachten. Es war ein herrlicher Sonnentag, die Fahrt ungemein genußreich. Der Blick auf die Riviera von See aus war überwältigend: vorn die niedrigeren bewaldeten Berge, dahinter im weißen Schneekleide die Seealpen. Am meisten ergriff mich aber der Gedanke, daß dieses Schiff und diese Menschen jetzt in den Fernen Osten hineinfuhren, in weit entfernte Gegenden, von ihrer Heimat durch die halbe Welt getrennt.

Wir waren schon vorher einige Male in Toulon gewesen, als dort ein russischer Kreuzer gebaut wurde. Der Kommandant und einige seiner Offiziere, die die Fertigstellung beaufsichtigten, wohnten mit ihren Familien in der Nähe von Toulon. Wir verlebten mit dem Kommandanten, es war der spätere Marineminister Grigorowitsch, sowie mit seiner Frau und Tochter manch fröhliche Stunde in der schönen Umgegend.

Die Ferien hatten für mich ihren größten Reiz darin, daß sie das Eintreffen meines Bruders in Cannes bedeuteten. Mlle. Pascon, eine meiner Lehrerinnen, stellte immer mit Lächeln fest, daß, wenn ich ihr mitteilte: »mon frère arrive«, meine Augen hellauf leuchteten, ein Zeichen, daß ich etwas besonders Freudiges erwartete. Das war auch der Fall, und es ist heute noch nicht anders geworden, wenn mir die Aussicht auf ein Wiedersehen mit meinem Bruder zuteil wird.

Als mein Bruder im Jahre 1901 großjährig wurde, übernahm er die Regierung seines Landes. Das Bewußtsein, mit neunzehn Jahren auf einen so verantwortungsvollen Posten berufen worden zu sein, hat ihn früh gereift und seinem Leben eine ernste Richtung gegeben. Nach den Hausgesetzen wurde er auch mein Vormund, und dieser Umstand hat wohl mein Verhältnis zu ihm, das seit jeher besonders vertrauensvoll war, noch inniger gestaltet.

Wie herrlich war es damals in Cannes, mit ihm zusammen alles Mögliche unternehmen zu können! Meine Mutter ließ dann die strenge Vorschrift der ständigen Begleitung fallen und vertraute mich meinem Bruder allein an. Morgens liefen wir oft in die Stadt hinunter oder an den Hafen, der immer viel des Interessanten für uns bot, und stellten Rekorde auf, wie schnell wir den Weg zurücklegen könnten.

Da mein Bruder meist sein Automobil mitbrachte, konnten wir die schönsten Fahrten in die Umgebung machen. Die Straßen waren fast durchweg in ausgezeichnetem Zustand, und es fuhr sich prachtvoll die Berge hinauf, an altertümlichen Bergstädten vorbei, mit dem herrlichen Ausblick auf das Meer und die olivenbestandenen Abhänge. Einmal hatte mir mein Bruder sogar, was mich mit besonderem Stolz erfüllte, das alleinige Verfügungsrecht über seinen Wagen gegeben, der einige Zeit vor seiner Ankunft eingetroffen war.

Ich sagte schon, daß meine Eltern große Freunde von Geselligkeit waren – steife Hoffeste waren jedoch nicht ihr Geschmack. Es war meist ein kleiner Kreis von Menschen, der sich mittags oder abends bei ihnen zusammenfand. Meine Eltern empfingen ihre Gäste, ob hoch oder niedrig, stets mit der gleichen Herzensfreundlichkeit und Natürlichkeit. Das machte sie bei allen Menschen ungemein beliebt, jeder fühlte sich bei ihnen wohl. Auch mit fremden Fürstlichkeiten und interessanten Persönlichkeiten, die nach der Riviera kamen, pflegten meine Eltern lebhaften Verkehr. Ich wurde dann öfter heruntergerufen, um ihnen Guten Tag zu sagen; ihr Bild hat sich mir mehr oder weniger stark ins Gedächtnis geprägt. Vor allem entsinne ich mich mit aller Deutlichkeit des Prinzen von Wales, des späteren Königs Eduard VII.; er war einer der regelmäßigen Besucher von Cannes und in allen Schichten der Bevölkerung sehr beliebt. Sein Onkel, der Herzog von Cambridge, gehörte ebenfalls mit seinen Söhnen zu den ständigen Gästen.

Auch die Königin Victoria nahm gern ihren Aufenthalt an der Riviera, bevorzugte aber Nizza, wo sie im Regina-Palace-Hotel wohnte. Meine Mutter nahm mich einmal, als ich zehn Jahre alt war, zum Frühstück mit, um mich ihr vorzustellen. Ich erinnere mich der alten Dame, wie sie, sehr klein und gebückt, in einem Rollstuhl sitzend, uns empfing. Hinter ihr standen zwei baumlange Inder, die sie auch bei Tisch zu bedienen hatten. Ihre Töchter, die Prinzessinnen Helena und Beatrix, waren zugegen, beide sehr achtunggebietende Damen, die aber in Gegenwart ihrer königlichen Mutter wenig sprachen. Ich muß gestehen, daß ich diesen Besuch als etwas unbehaglich empfand, da mir von klein auf eine steife und gezwungene Atmosphäre wenig zusagte. Von der geschichtlichen Bedeutung dieser Königin verstand ich damals natürlich noch nichts. Dann und wann besuchten wir auch in Nizza die Herzogin von Edinburgh mit ihren vier schönen und talentierten Töchtern; ihre reizenden Aquarellmalereien erregten meine ganze Bewunderung und meinen heimlichen. Neid, da ich mich selbst auf diesem Gebiet versuchte.

Eine sehr hübsche Erinnerung habe ich an die Begegnung mit der Kaiserin Eugenie, der Witwe Napoleons III., die, als ich schon älter war, erfolgte. Die alte Dame kam nach Cannes, um meiner Mutter ihren Besuch zu machen; in ihrer Begleitung befanden sich eine ältere Hofdame und ihr getreuer Sekretär Petri. Meine Mutter instruierte uns vorher dahin, daß wir sehr höflich gegen die Kaiserin sein, sie selbstverständlich Majestät nennen und ihr viel Ehrerbietung bezeugen müßten; gerade da sie entthront sei, müßte man ihr die schwierige Lage erleichtern, indem man ihr auch weiterhin den persönlichen Rang zugestehe. Wir fanden die Kaiserin äußerst liebenswürdig und natürlich. Das Antlitz der Greisin, das von lebhaften Augen beseelt wurde, trug noch die regelmäßigen Züge und unverkennbaren Spuren ihrer einstigen viel gerühmten Schönheit. Auch ihr Geist war noch der alte, ihr Gedächtnis erstaunlich, die Unterhaltung, die sie führte, sehr rege. Ich stand noch lange Zeit unter dem Eindruck dieser geschichtlich und persönlich so überaus fesselnden Persönlichkeit.

Wir sahen auch öfter bei unseren Eltern die drei intimen Freundinnen der Kaiserin Eugenie aus der Glanzzeit des zweiten Kaiserreichs, die Marquise von Gallifet, die Witwe des durch seinen tollkühnen Reiterangriff bei Sedan am 1. September 1870 bekannten Generals, sowie die Gräfin Melanie Pourtalès und die Prinzessin von Sagan. Meisterinnen in der Kunst der Unterhaltung, konnten sie ungemein interessant von der Kaiserin, dem Kaiser und ihrem Sohn, dem unglücklichen Prinzen Loulou, der als Freiwilliger im Kampf gegen die Zulus gefallen war, erzählen. Zu diesen drei Damen gesellte sich wiederholt der scharmante General Charette, der mit seinem Napoleonbart auch äußerlich an vergangene große Zeiten gemahnte; er war der ritterliche Gegner unseres Großvaters in den heißen Winterschlachten an der Loire gewesen.

Als ich verlobt war, ist meine Mutter noch einmal mit mir nach Kap Martin zu der Kaiserin Eugenie gefahren, wo wir in ihrer schönen Villa Cyrnos bei ihr zu Gast waren. Es machte ihr sichtlich große Freude, daß ich als Braut des Deutschen Kronprinzen, nach dem sie sich im Laufe der Unterhaltung angelegentlich erkundigte, ihr einen Besuch machte. Dann bin ich der Kaiserin Eugenie, die erst vor wenigen Jahren gestorben ist, leider nie wieder begegnet.

Im Laufe des Winters pflegten meine russischen Oheime uns nacheinander zu besuchen, auch mein Großvater kam regelmäßig nach Cannes, wohnte jedoch im Hotel. Das war für mich stets eine frohe und abwechslungsreiche Zeit. Mit meiner Tante, der Großfürstin Georg, spielte ich vierhändig Klavier, was gewöhnlich zu unserer beiderseitigen großen Erheiterung beitrug, denn meine Finger kamen nicht immer mit, und ich mußte meine Zuflucht zu einigen Kunststücken nehmen, um im Zeitmaß zu bleiben. Besonders »Åses Tod« von Grieg löste einmal bei uns statt der Ergriffenheit, die angebracht gewesen wäre, wahre Lachsalven aus. Überhaupt habe ich in meiner Jugend zu den ungeeignetsten Zeiten an unwiderstehlichem Lachreiz gelitten. So wohltuend ein befreiendes Lachen bei passender Gelegenheit ist, so qualvoll kann es in Situationen sein, die keineswegs eine offen zur Schau getragene Heiterkeit gestatten.

Den Besuch des Großfürsten Nikolaus, des ältesten Bruders meiner Mutter, erwartete ich immer mit besonderer Freude. Er war der einzige Onkel, der mich schon ernst nahm und mich nie neckte, und das will für ein empfindliches Kinder- und Backfischgemüt etwas bedeuten! Onkel Nikolaus, von großer Gestalt, sehr breitschultrig, mit hoher Stirn, machte einen geistig überlegenen Eindruck. Er war ein großer Geschichtskenner, beschäftigte sich viel mit historischen Studien, sammelte mit Eifer und Verständnis historische Miniaturen und hatte mehrere geschichtliche Werke veröffentlicht; die Universität Berlin hatte ihn zum Ehrendoktor, das Institut de France zu ihrem Mitglied ernannt. Er konnte äußerst anregend von seinen Studien erzählen, und hat dadurch viel Interesse für Geschichte im allgemeinen und für Familiengeschichte im besonderen bei mir geweckt. Er glaubte übrigens fest an die fürstliche Abkunft Kaspar Hausers, über den er ein (nicht veröffentlichtes) Buch geschrieben hatte. Infolge seiner nahen verwandtschaftlichen Beziehungen zum Badischen Hause hatte er wohl Einsicht in die Archive gehabt.

Onkel Nikolaus spielte gern im Kasino in Monte Carlo und hatte immer viel Glück; doch verstand er sich auf die große und seltene Kunst, zur rechten Zeit aufzuhören. Nach größeren Gewinnen war er sehr generös und brachte dann meiner Mutter und mir meist ein reizendes Schmuckstück aus den schönen Juwelierläden von Monte Carlo oder Nizza mit. Einer nahen Verwandten schenkte er einmal sogar ein Auto, weil er meinte, sie hätte ihm beim Spiel Glück gebracht.

Sein großzügiger und sympathischer Charakter machte diesen klugen Menschen für seine Freunde außerordentlich liebenswert. Gegenüber Fernerstehenden und Andersdenkenden konnte er dagegen sehr sarkastisch sein. Seine Zunge war scharf und unbarmherzig, wenn er jemandem nicht wohlwollte. Aber gegen die, die er liebte und die ihm sympathisch waren, war er voller Güte und bewährte sich als treuer Freund. Es war in meiner Kindheit und noch später als junge Frau mein Stolz, gerade von diesem verehrten Onkel verstanden zu werden. Auch er ist ein Opfer der bolschewistischen Mörder geworden.

Manchmal frühstückten wir bei Bekannten wie der Familie des Lord Brougham, dessen Vater Cannes seinerzeit mitbegründet hatte. Das Chateau Eléonore mit dem prachtvollen Park war eine Sehenswürdigkeit, und wir verbrachten schöne Stunden im Hause dieses liebenswürdigen Mannes; mit seiner Tochter habe ich mich bald angefreundet und bin noch lange hinterher mit ihr in Verbindung geblieben. Es war meist ein kleiner Kreis guter Bekannter meiner Mutter, der sich dort zusammenfand. Ebenso bei Mrs. Winslow, einer amerikanischen Freundin meiner Mutter, die ein Dampfboot besaß, mit dem wir öfter gemeinsame Fahrten nach den Inseln unternahmen: Abends waren häufig Gäste bei uns, die nach dem Essen mit meiner Mutter und meinem Bruder eine Partie Poker spielten.

Wenn Gäste erwartet wurden, schickte meine Mutter mich mit meiner Erzieherin morgens auf den Blumenmarkt, um die Blumen für die Tischdekoration zu besorgen. Das war eine ebenso ehrenvolle wie beglückende Aufgabe für mich. Wir zogen von Bude zu Bude und kauften Veilchen oder Tulpen oder andere Blütensträuße. Die Stapel von Nelken, Levkojen, Tulpen u. a. mehr, die in den einzelnen Buden angehäuft waren oder in Eimern standen, boten ein wunderhübsches farbenfrohes Bild. Wir hatten unsere Lieblingsmarktfrauen, bei denen wir vorzugsweise unsern Bedarf deckten, und die ihrerseits eifersüchtig darüber wachten, daß wir nicht zuviel bei ihren Nachbarinnen kauften. Reich beladen mit unseren duftenden Einkäufen fuhren wir heim. Abends war der Eßtisch mit unseren Trophäen besät, und wir hatten das stolze Gefühl, zur Verschönerung wesentlich beigetragen zu haben.

Wenn auch beim Winteraufenthalt in Cannes von einer eigentlichen »Hofhaltung« nicht gesprochen werden konnte, so waren meine Eltern doch stets von einer Dame und einem oder zwei Herren begleitet; sie verkehrten aber weniger dienstlich als freundschaftlich mit ihnen. Ich sagte bereits, daß das Oberhofmeisterpaar Graf und Gräfin Alexander Bassewitz in Mecklenburg blieb, um dort im Namen meiner Eltern zu repräsentieren; ab und zu kamen auch sie zu kurzen Besuchen nach

Cannes. Sehr häufig kam dagegen der Staatsminister von Bülow, um mit meinem Vater Regierungsgeschäfte zu erledigen. Als Gräfin Bassewitz mit Rücksicht auf ihre Gesundheit den Abschied nahm, wurde ihre Nachfolgerin Freifrau v. Maltzahn, die Gattin des langjährigen Generaladjutanten meines Vaters. Dieser, General Fritz v. Maltzahn, war Chef des Militär-Departements für das Mecklenburgische Kontingent, zu dem das Grenadier-Regiment 89 in Schwerin, das Füsilier-Regiment 90 in Rostock und Wismar, die beiden Dragoner-Regimenter 17 in Ludwigslust und 18 in Parchim, sowie das Artillerie-Regiment Nr. 60 in Schwerin und das in Colmar im Elsaß stehende Jägerbataillon Nr. 14 gehörten. Das Ehepaar Maltzahn gehörte zu den intimsten Freunden meiner Eltern. Der General war ein vornehmer und kluger Mann, der meinen Vater nicht nur in militärischen, sondern auch in rein menschlichen Dingen beraten hat. Seine Frau war uns allen besonders lieb durch ihre fröhliche und freundliche Art, ihre Söhne waren unsere Spielgefährten.

Nach meines Vaters Tode verblieb der General in seinem Amte, sowohl während der Regentschaft meines Onkels Johann Albrecht wie auch während der Regierung meines Bruders, bis der Tod den Berater des Hauses abberief. Seine Frau trat nach der Heirat meines Bruders zu meiner Schwägerin Alexandra als stellvertretende Oberhofmeisterin über, und an ihrer Statt berief meine Mutter Frau von der Schulenburg in ihrer Eigenschaft als Staatsdame zum Dienst, wenn eine längere Reise oder Festlichkeiten die Anwesenheit einer Dame nötig machten. Auch Frau von der Schulenburg verbrachte öfter lange Monate bei uns in Cannes.

Von den Adjutanten meines Vaters war es, soweit ich sie in Erinnerung habe, Graf Wilhelm Schwanenfeld-Schwerin, den wir alle wegen seines ritterlichen Wesens besonders schätzten. Er nannte mich den »Sonnenschein« und war immer die Freundlichkeit selbst zu mir kleinem Mädchen. Er verließ uns kurz vor Papas Tode, ist uns aber, solange er lebte, ein guter Freund geblieben. Ich sah ihn noch kurze Zeit vor seinem Heimgang als Schwerkranken in einem Berliner Sanatorium. Es war ein sehr herzliches und rührendes Wiedersehen, da er sein gütiges Interesse für meine Geschwister und mich all die Jahre hindurch in gleichem Maße bewahrt hatte. Graf Schwerins Nachfolger war Herr von Kap-Herr, Leib-Garde-Husar aus Potsdam; er trat erst kurz vor meines Vaters Tod den Dienst an und erlebte die traurigen Tage in Cannes mit uns.

Von den Hofdamen meiner Mutter war mir Fräulein Cecilie von Suckow besonders ans Herz gewachsen, da sie gern und oft mit mir spielte, und auch nicht müde wurde, mir von der lieben Urgroßmutter zu erzählen, bei der sie zuerst Hofdame gewesen war. Von uns aus ist sie dann zu Großmama Marie gegangen, bei der sie zusammen mit ihrer Kollegin, Freiin von Stenglin, bis zu Großmamas Tode im Jahre 1922 als Staatsdame ihren Dienst getan hat.

Nach Fräulein von Suckow wurde Freiin Louise von Maltzan aus dem Hause Wartenberg und Penzlin Hofdame bei meiner Mutter; sie ist ihr eine kluge und hilfreiche Gefährtin gewesen und hat meiner Mutter bis übers Grab hinaus in Treue und Liebe angehangen. Als sie sich mit ihrem Vetter, dem Oberhofmarschall von Maltzan in Neustrelitz, verheiratete, kam Fräulein von Lefort zu meiner Mutter, blieb aber nur wenige Jahre, da sie sich ebenfalls bald verheiratete.

Von den Kammerherren meiner Mutter ist vor allem Graf Victor Voß zu nennen, der sie lange Jahre auf Reisen und bei allen sportlichen Unternehmungen begleitet hat. Sein hervorragendes Tennisspiel erwähnte ich schon; daneben war er ein ausgezeichneter Schütze und ein großer Pferdeliebhaber. Auch lernte er bereits im Jahre 1897 das Autofahren und ist somit wohl einer der ersten deutschen Herrenfahrer gewesen. Bei den sportlichen Interessen meiner Eltern war ein Sportsmann als diensttuender Herr besonders angenehm und zweckmäßig.

Nach dem Abgang des Grafen Voß taten noch Dienst Herr von Gordon, der ebenfalls im Tennisspiel sehr gewandt war, und Graf Bassewitz-Prebberede, der meine Mutter mehrmals nach Rußland begleitet hat und auch bei meiner Hochzeit als diensttuender Kammerherr in ihrer Begleitung gewesen ist. Daneben hatte meine Mutter, wie jede russische Großfürstin, einen russischen Sekretär, der ihre Vermögensangelegenheiten verwaltete.

Wenn ich die Gestalten aus der Umgebung meiner Eltern wieder vor meinem geistigen Auge vorbeiziehen lasse, so glaube ich sagen zu dürfen, daß infolge der guten Wahl niemals Intrigen bei ihnen geherrscht haben, wohl der häßlichste Auswuchs, den es an einem Hofe geben kann. Ich bin auch der Ansicht, daß die Fürsten es sich zum größten Teil selber zuzuschreiben haben, wenn sie Menschen um sich dulden, die Neid und Mißgunst gegeneinander hegen.

Mit den Weihnachtsfeiern in Cannes sind meine lebhaftesten Erinnerungen an meinen Vater verknüpft. Am Heiligen Abend fuhr er regelmäßig gegen 4 Uhr mit uns drei Kindern im geschlossenen Landauer nach der deutschen Kirche herunter. Dort brannte schon ein Lichterbaum, dessen Glanz uns mit den schönsten Vorahnungen erfüllte.

Die innere Aufregung vor der zu Haus zu erwartenden Bescherung ließ wohl keine allzu große Aufmerksamkeit während der Predigt zu, aber die Weihnachtslieder und die feierliche Stimmung erfüllten das Kinderherz mit tiefer Andacht. Wenn wir aus der Kirche traten, hatte sich die Dämmerung des Heiligen Abends bereits herabgesenkt. Die Rückfahrt mit dem steilen Aufstieg zu unserer Villa hinauf stellte an unsere Geduld recht harte Ansprüche. Mein Vater zündete sich meist unterwegs eine Zigarette an und bediente sich dazu einer Lunte; noch heute erinnert mich der Geruch einer angezündeten Zigarettenlunte an diese weihnachtlichen Kirchfahrten.

Zu Haus lag meist ein neues Kleid mit dazu passenden seidenen Schuhen bereit; da hieß es schnell sich anziehen, wenn das Herz auch noch so sehr klopfte, und dann gingen wir in den großen Salon, wo alle Angehörigen sich vor der geschlossenen Hallentür versammelten. Die Spannung stieg aufs höchste. Schließlich nahm mein Vater die Glocke, läutete, und alsbald gingen die Türen, wie von unsichtbaren Händen geöffnet, auf: wir standen geblendet vor dem riesigen Tannenbaum und den Tischen mit den herrlichen Gaben.

Wunderhübsche Bonbonnieren in allen Formen hingen am Baum; ich erinnere mich besonders an eine, die einen weißen Muff darstellte. Ich liebte von jeher Pelze, und selbst dieses Miniaturgebilde entzückte mich. Lange Ketten von bunten Zuckerkugeln verbanden die Äste, dicke Marzipanwürste und anderer Baumschmuck, der immer aus Schwerin von der Konditorei Krefft bezogen wurde, hingen an Bändern in den mecklenburgischen Farben herab. Unter dem Baum fand stets eine große Marzipantorte mit der Ansicht des Schweriner Schlosses: sie sollte uns in der Ferne an die liebe Heimat erinnern.

Am Weihnachtsmorgen fuhr meine Mutter mit uns in die evangelische Kirche, eine Gewohnheit, die sie bis zu meiner Verheiratung beibehalten hat. Dafür gingen wir an russischen Feiertagen auch manchmal mit ihr in die russische Kirche.

Nach dem Tode meines Vaters konnte meine Mutter sich nicht mehr entschließen, den Heiligen Abend in der Villa Wenden zu feiern. Wir gingen daher jedes Jahr zu meinem Onkel, dem Großfürsten Michael und seiner Gemahlin, Gräfin Sophie Torby, geborenen Gräfin Merenberg, in die elegante Villa Kasbek, wo gemeinsam mit der Familie meines Onkels der Heilige Abend zugebracht wurde. Es war mir jedesmal unendlich schmerzlich, gerade Weihnachten nicht zu Hause feiern zu können; besonders entbehrte ich die Möglichkeit, am ersten Feiertag früh ins Weihnachtszimmer hinunterlaufen zu können, was ich von jeher so gern getan hatte. Meine kleinen Cousinen waren aber so liebe Mädchen und Onkel und Tante so freundlich zu uns, daß der Abend meist doch sehr hübsch verlief. Erst zwei Jahre vor meiner Verheiratung ließ Mama sich bewegen, die Bescherung wieder zu Hause in der Villa Wenden zu machen, jedoch nicht mehr in der Halle wie zu Papas Lebzeiten, da ihr das zu schwer geworden wäre.

Wie wurde ich von meiner Mutter verwöhnt! Ich empfing meist ein schönes Möbelstück oder Kunstgegenstände, und immer gute und lehrreiche Bücher. So habe ich mit der Zeit fast alle Werke unserer deutschen Klassiker geschenkt bekommen, ferner die Werke französischer und englischer Dichter, und als ich in den letzten Jahren im Erlernen der russischen Sprache Fortschritte gemacht hatte, auch russische Dichterwerke. Das hat den Grundstock gelegt zu meiner kleinen Handbibliothek, die ich stets zu vervollkommnen bestrebt gewesen bin und die mir ein kostbares Lebensgut bedeutet.

An den russischen Festen, die für die zahlreichen in Cannes anwesenden Russen veranstaltet wurden, haben auch wir Kinder mit unserer Mutter wiederholt teilgenommen. Ich erinnere mich in dieser Hinsicht besonders des Osterfestes, das um Mitternacht in der hübschen russischen Kirche gefeiert wurde. Ich mußte mich zunächst noch zu Bett legen, um für die Nachtfeier gerüstet zu sein. Vor Mitternacht fuhren wir dann, nach russischer Sitte ganz in Weiß gekleidet, zur Kirche hinunter. Dreimal zog die Gemeinde, jeder mit einer brennenden Kerze in der Hand, um die Kirche, die Priester und der singende Kirchenchor voran. Dann erst wurden die Tore geöffnet, und man schritt hinein in die hellerleuchtete Kirche zum feierlichen Gottesdienst. Punkt 12 Uhr begannen die Kirchenglocken, die die ganze Fastenzeit über geschwiegen hatten, hell und fröhlich zu läuten. Der Priester rief: »Christ ist erstanden!«, die Gemeinde antwortete: »Er ist wahrhaftig auferstanden!« und alle Teilnehmer, vor allem die Verwandten, fielen sich um den Hals und küßten sich dreimal.

Hinterher gab es zu Haus einen herrlichen Osterschmaus, bei dem die schönsten russischen Gerichte und die verschiedenartigsten Backwerke aufgetischt wurden. Da die streng orthodox Gläubigen sechs Wochen gefastet hatten, kann man sich den Appetit vorstellen, mit dem diese Leckerbissen verzehrt wurden! Mir schmeckte stets besonders gut eine Art süßer Quark, der in einer Pyramidenform, verziert mit Osterlamm und Palmenzweig, auf den Tisch kam und zu einem schweren Rosinenkuchen gegessen wurde.

Eine wichtige Begebenheit im Laufe des Winters 1896/97 war unsere Bekanntschaft mit der Familie des Herzogs von Cumberland, die aus Sorge für die Gesundheit des ältesten Sohnes Georg Wilhelm im Parkhotel in Cannes Aufenthalt genommen hatte. Der Herzog von Cumberland ist einer der verehrungswürdigsten Menschen gewesen, die ich im Leben gekannt habe: Immer gütig und verstehend, von lauterem Charakter, vornehm und loyal gegen jedermann, auch gegen diejenigen, die politisch seine Gegner hätten sein können. Es war eine Familie, die das Leid früh kennengelernt hatte, und daher herrschte ein Geist des Verstehens und der Selbstlosigkeit zwischen Eltern und Kindern, wie man ihn wohl selten findet.

Die drei Töchter, Marie-Louise, spätere Prinzessin Max von Baden, meine nachmalige Schwägerin Alexandrine und Olga standen mit meiner Schwester und mir ungefähr im gleichen Alter, so daß wir uns bald sehr mit ihnen anfreundeten; Olga und ich wurden allmählich trotz des zweijährigen Altersunterschiedes so innig vertraut wie Zwillinge. Die jüngeren Söhne Christian und Ernst August, der spätere Herzog von Braunschweig, waren gleichfalls lustige Spielgefährten, so daß wir viel Freude an dem Zusammensein mit den Cumberlandschen Kindern hatten. Sie besuchten uns oft zum Tee, oder wir machten gemeinsame Ausflüge.

Der Zustand meines Vaters verschlimmerte sich in diesem Winter von Monat zu Monat. Leider habe ich zu wenig Erinnerung an diese Zeit. Er war viel leidend und lebte infolgedessen sehr abgeschlossen, so daß ich nicht oft zu ihm gelassen wurde. Er siedelte im März 1897 mit meiner Mutter, die unermüdlich in seiner Pflege war, nach Grasse über, einer kleinen Stadt oberhalb Cannes, die durch ihre Parfümerien berühmt ist; die Luftveränderung brachte ihm auch tatsächlich eine gewisse Linderung.

Im März kam Prinz Christian, der jetzige König von Dänemark, nach Cannes, und eines denkwürdigen Tages, es war der 22. März, der Tag der Zentenarfeier des Geburtstages des Alten Kaisers, wurde ein größerer Ausflug nach St. Marguerite gemacht, in dessen Verlauf meine Schwester sich mit ihm verlobte. Der junge Bräutigam fuhr sofort nach Grasse, um meine Eltern um ihren Segen zu bitten. Ich erfuhr von dieser Begebenheit erst am nächsten Tage, und ich weiß noch, daß die Nachricht zuerst nur bittere Tränen bei mir auslöste, da der Gedanke, meine Schwester zu verlieren, mir unfaßbar schien. Mit ihrem sonnigen Wesen war Adini, wie sie in der Familie heißt, stets der Mittelpunkt im Hause gewesen, von dem Harmonie und Ausgeglichenheit ausging. Dabei war sie die Selbstlosigkeit in Person. Nie begehrte sie etwas für sich, niemals schob sie sich in den Vordergrund, immer suchte sie anderen eine Freude zu machen, selbst auf Kosten ihrer eigenen Wünsche. Und so war sie stets auch zu mir, ihrer kleinen Schwester: meine beste Freundin. Dankbaren Herzens darf ich unsere innige schwesterliche Liebe als ein köstliches Gut meines Lebens bezeichnen. Mein Kummer über die drohende

Trennung war also berechtigt. Es gelang meinem Schwager aber bald, nicht nur mich zu trösten, sondern auch durch sein freundliches Wesen meine Liebe und Freundschaft zu gewinnen, und wir sind seitdem die besten Freunde geworden.

Die Verlobung meiner Schwester bereitete meinem Vater große Freude; es sollte seine letzte sein. Anfang April kehrte er nach Cannes zurück. Am 10. morgens sah ich den geliebten Vater zum letztenmal; er saß im Rollstuhl im großen Salon meiner Mutter, sah sehr elend und schwach aus, war aber gütig wie immer. Am Abend, während wir oben mit der Umgebung zu Tisch saßen, wurde einer nach dem anderen geholt, nur ich wurde oben gelassen. Ich merkte, daß etwas sehr Trauriges vor sich ging.

Ungefähr um 9 Uhr kam unser alter englischer Arzt und Hausfreund Dr. Blanc zu mir herauf, streichelte mich und sagte mit tiefer Bewegung zu mir: »Es ist sehr traurig, einen Vater zu verlieren!« Da stand plötzlich mit furchtbarer Deutlichkeit die Erkenntnis vor mir, daß ich keinen Vater mehr hatte! Ich kann das schreckliche Gefühl des Verwaistseins und der grenzenlosen Einsamkeit jetzt noch nachempfinden, das sich in jenem Augenblick in mein Kinderherz senkte. Wie hat uns Kindern doch dieser gute Vater unser Leben lang gefehlt, wie habe ich immer andere darum beneidet, einen Vater zu besitzen!

Am nächsten Morgen führte mich meine Mutter in das Sterbezimmer. Papa lag mit gefalteten Händen friedlich und schön in seinem Bett, als ob er schliefe, so daß ich nicht jenes abschreckende Gefühl des Todes empfand, sondern nur das einer unendlich tiefen Feierlichkeit mich überkam.

Die nächsten Tage waren sehr bewegt und erlebnisreich. Verschiedene Verwandte eilten aus der Heimat herbei. Mein Bruder war gerade einen Tag vor dem Heimgang meines Vaters angekommen, so daß er seinem letzten Augenblick hatte beiwohnen können. Abends wurden kurze Andachten am offenen Sarge meines Vaters abgehalten, der in seinem großen Schreibzimmer aufgebahrt war. Die Blumenfülle war so reich, daß die Kränze den langen Flur vor den Zimmern der Eltern bedeckten, und der betäubende Duft dieser allmählich sterbenden Blumen das ganze Treppenhaus erfüllte. Der eigenartige Duft von Levkojen erinnerte mich noch jahrelang an diese traurige Zeit.

Am Abend vor der Überführung nach Ludwigslust begingen wir eine Trauerfeier, an der viele Verwandte und dortige Bekannte teilnahmen. Als die Fremden sich entfernt hatten, nahmen meine Mutter und wir Kinder Abschied von unserem Vater und küßten ihm zum letztenmal die Hand.

Am nächsten Tage fand vor dem Bahnhof eine Trauerparade der französischen Truppen statt, mit der die französische Republik den regierenden deutschen Fürsten ehrte. Der umflorte Eisenbahnwagen, der die Leiche meines Vaters in die Heimat führte, ging alsbald ab, meine Mutter folgte mit den Geschwistern. Ich wurde nicht mitgenommen, da mir die Strapazen und traurigen Eindrücke bei meinem jugendlichen Alter erspart werden sollten.

Da beim Tode meines Vaters der Thronerbe, mein Bruder, noch nicht mündig war, so führte bis zu seiner Großjährigkeit im Jahre 1901 mein Onkel Johann Albrecht für ihn die Regentschaft. Das ausgeprägte Pietätsgefühl meines Onkels ließ ihn in diesen vier Jahren die Regentschaft vor allem im Sinne seines Vaters führen, und dazu baute er das aus, was sein Bruder begonnen, aber nicht mehr hatte vollenden können. Sein starkes Pflichtgefühl, das auf dem Boden tiefer Religiosität erwachsen war, wurde zum reichen Segen für das Land. Die Jahre seines Wirkens sind in Mecklenburg unvergessen geblieben.

Während meine Angehörigen zu den Trauer- und Beisetzungsfeierlichkeiten in die Heimat fuhren, zog ich mit meiner Erzieherin in das Parkhotel zum Herzogspaar von Cumberland, wo ich ganz wie ein Kind des Hauses aufgenommen wurde. Eltern und Kinder, auch die Großmutter, die Königin von Hannover, taten alles, um mir über diese schmerzlichen Tage bis zur Rückkehr meiner Mutter und Schwester hinwegzuhelfen. Aus dieser Zeit stammen meine Gefühle tiefer Liebe und unbegrenzter Verehrung für diese teure Familie, die mich so gütig behütete.

Ende April kehrten meine Mutter und Adini zurück, und wir blieben dann länger als sonst, bis in den Mai hinein, in Cannes. Wehmutsvoll segelten meine Schwester und ich noch öfter auf der Jacht meines Vaters und trugen unsern tiefen Schmerz hinaus auf das weite Meer. Sie sollte uns nun leider nicht mehr lange erhalten bleiben. Wir behielten aber die schlanke braune Dampfbarkasse »Fee«, die unsern Vater stets beim Segeln begleitet hatte.

Den Sommer 1897 verlebten wir nicht in Schwerin, da es meiner Mutter zu schmerzlich gewesen wäre, ohne meinen Vater dort zu sein. Ich blieb in Gelbensande, während meine Mutter mit meiner Schwester nach Dänemark reiste, um sie als Braut der Königlichen Familie vorzustellen. Die zahlreiche Familie mit König Christian IX.

und Königin Louise an der Spitze nahm meine Schwester mit großer Herzlichkeit auf, so daß sie sich bald ganz heimisch fühlte.

Dann reisten meine Mutter und Adini nach Rußland. Nach ihrer Rückkehr besuchte mein Schwager Christian uns in Gelbensande und entzückte uns alle durch sein fröhliches und freundliches Wesen. Er unterhielt uns prachtvoll mit seinen heiteren Geschichten und seiner ganzen lustigen Art. Ich war sein bestes Publikum, doch erregte meine laute Heiterkeit den Verdruß meiner Schwester, wenn wir durch den Wald fuhren, wo sie gern Wild sehen wollte. Sie gebot uns beiden zu schweigen, doch ohne bemerkenswerten Erfolg, denn mein Schwager hörte nicht auf, seine Scherze zu machen, und ich nicht, mich darüber vor Lachen auszuschütten. In all ihrer Harmlosigkeit eine unvergeßlich schöne Zeit!

Alsbald kam nun eine dänische Dame, Fröken Bunsen, zu uns, um meiner Schwester die dänische Sprache beizubringen. Sie erzielte einen glänzenden Erfolg, denn als die junge Prinzeß Christian in ihre neue Heimat einzog, beherrschte sie die Landessprache bereits vollkommen.

Das Jahr 1897 sollte nicht zu Ende gehen, ohne unserem Hause einen weiteren schweren Verlust zu bringen: den Tod des Herzogs Friedrich Wilhelm. Mein Onkel, Kommandant des Torpedobootes S 26, war gerade mit der Torpedoflotille von einer längeren Herbstübung in der Nordsee nach Wilhelmshaven heimgekehrt; am Mast wehte der lange weiße Heimatswimpel. Am 22. September, auf der Rückfahrt der Torpedobootsdivision des Herzogs von Wilhelmshaven nach Kiel, erfaßte unweit des ersten Elbefeuerschiffes eine ungewöhnlich starke achterliche Grundsee sein Boot und brachte es zum Kentern. Kieloben schwamm das Unglücksschiff auf dem Wasser. Die anderen Boote eilten, so gut sie konnten, zu Hilfe und retteten den größten Teil der Besatzung. Mein Onkel jedoch, der im Augenblick der Katastrophe im Kommandoturm gestanden hatte, war durch den Wasserdruck in das Zwischendeck hinuntergeschleudert worden, wo er fünf Leute antraf, von denen nur einer des Schwimmens kundig war. In Erkenntnis der hoffnungslosen Lage, in der er sich mit seinen Leuten befand, betete er in voller Fassung und Ergebenheit: »Vater, nimm unsere Seelen auf in deinen Himmel und gib uns einen schnellen und gelinden Tod!« Danach befahl er dem des Schwimmens kundigen Heizer, sich zu retten und die Meldung zu erstatten, daß er sich im Zwischendeck befände. So hielt dieser heldenhafte Mann seinen verlorenen Untergebenen die Treue bis in den Tod, statt sich als guter Schwimmer, der er war, zu retten, und machte mit dieser Tat seinem tausendjährigen Geschlecht hohe Ehre. Erst nach mehreren Tagen und erst nach Bergung der Matrosen konnte auch seine Leiche geborgen werden; sie zeigte einen unsagbar ernsten, aber friedvoll stillen Ausdruck.

Für Großmama Marie war der Tod ihres ältesten Sohnes ein überaus schwerer Schlag, aber uns allen ging er nicht weniger nahe. Liebten wir Onkel Friedrich Wilhelm doch seiner sonnigen, männlichen Seemannsnatur wegen mit besonderer Herzlichkeit.

Im Herbst dieses unheilvollen Jahres siedelten wir früh wieder nach Cannes über. Meine Schwester hatte den Zeitpunkt ihrer Hochzeit hinauszuschieben gebeten, um nicht meine Mutter so bald nach dem Tode des Vaters zu verlassen und um das Trauerjahr abzuwarten.

Wir Töchter haben ein Jahr lang Schwarz getragen, ein weiteres halbes Jahr Grau und Lila. Das mutet uns heute sonderbar an, wo auch für nahe Verwandte nur noch sehr kurze Zeit Trauer getragen wird.

Wir lebten diesen Winter über still und zurückgezogen, nur die Besuche meines Schwagers Christian brachten etwas Abwechslung in unsere Ruhe. Ein Vorfall verursachte sogar große Aufregung. Eines Sonntags forderte Graf Voß das Brautpaar einmal zu einer Automobilfahrt auf. Nichts Böses ahnend, fuhren sie von dannen in die weitere Umgebung von Cannes. Auf dem abschüssigen Teil einer Bergstraße kam der Wagen plötzlich ins Gleiten, schlug gegen einen Prellstein und stürzte den Abhang hinunter. Da damals die Geschwindigkeit der Wagen noch recht gering war, widerfuhr den Insassen gottlob nichts Schlimmes, und sie kamen mit dem Schreck und einigen Quetschungen davon. Für mich bedeutete diese Begebenheit, auch wenn ich sie nicht persönlich miterlebt hatte, ein großes Ereignis in meiner Kindheit. Meinem Schwager verdarb dieser Unfall für Jahre hinaus die Lust am Autofahren aufs gründlichste.

Wer sich aber dadurch nicht abschrecken ließ, war meine Mutter. Noch im selben Jahre kaufte sie sich einen Tonneau der Firma Panhardt-Levassor, mit dem schon längere Fahrten unternommen wurden. Er rief unterwegs überall größtes Staunen hervor, da diese Reiseart damals noch völlig unbekannt war. Der Wagen mutet uns heute unbeschreiblich komisch an. Denn noch hatte man die Form für die technische Eigenart des Kraftwagens nicht gefunden; es war eigentlich kaum anders, als daß man an den Modellen der alten Kutschwagen vorn Motore anbaute. Von meiner Mutter war es jedenfalls sehr weitschauend, daß sie sich damals schon an das Autofahren gewöhnte. Sie wurde Protektorin des ersten deutschen Automobil-Klubs, des nachmaligen Kaiserlichen Automobil-Klubs, jetzigen Automobilklubs von Deutschland. Auch zum Mitteleuropäischen Motorwagen-Verein bestanden Beziehungen; wenige Jahre vor dem Kriege veranstaltete der Verein unter Führung seines Präsidenten Graf Talleyrand-Périgord mit einer beträchtlichen Anzahl Automobile eine Huldigungsfahrt nach Gelbensande.

Am 26. April 1898 fand die Hochzeit meiner Schwester statt. Für mich war dies natürlich eine sehr große und einschneidende Begebenheit. Ging doch mit ihr meine einzige Schwester aus dem Haus, und hatte ich doch, wenn auch als jüngeres Kind oft nur geduldet, an dem fröhlichen Zusammensein mit ihren Freundinnen teilnehmen dürfen. Ich sollte nun vollkommen vereinsamen.

Die Hochzeit wurde im Beisein von vielen beiderseitigen fürstlichen Verwandten in der schlichten deutschen Kirche in Cannes begangen. Es regnete, was ja Glück bringen soll, und meine Stimmung war dem Regenwetter auch ganz angepaßt. Ich konnte meine Tränen nicht zurückhalten und steckte meine Schwester mit meiner Sentimentalität an. Aber Gott hat diesen beiden lieben Menschen ein so tiefes Lebensglück beschert, daß unsere Hochzeitstränen längst vergessen sind.

V.
Erziehung und Unterricht

Meine ersten Lebensjahre standen unter der Obhut von Miß Mary Jenkins, der englischen Nurse, die bereits meine Schwester und meinen Bruder großgezogen hatte. Über die Sitte, englische Bonnen als Vorsteherinnen fürstlicher Kinderstuben anzustellen, kann man verschiedener Meinung sein. Man muß aber bedenken, daß vor 30 und 40 Jahren die Kinderpflege bei uns noch nicht auf der Höhe stand wie später. Ich selber habe bei meinen Kindern bewußt mit dieser Sitte gebrochen, allerdings erst als die traditionelle englische Nurse bei meinem ersten Kinde nicht gerade Erfolg gezeitigt hatte. Unsere hygienischen Einrichtungen und unsere Erfahrungen in der Säuglingspflege haben unter der regen Förderung durch meine Schwiegermutter, die Kaiserin Auguste Viktoria, die sich mit größter Liebe diesem wichtigen Gebiet widmete, einen schnellen Auffschwung genommen. Ich glaube nicht zuviel zu sagen, wenn ich meine, daß wir darin die Engländer heute bereits überflügelt haben.

Ich halte es für einen Fehler, Kinder in ihrem zartesten Alter einer Ausländerin anzuvertrauen, die naturgemäß nicht in der Lage ist, ihren Pfleglingen die elementaren Begriffe in deren Muttersprache zu vermitteln. Es fehlt die Gewöhnung an die Kinderlieder, an die lieben kleinen Verse und an alles das, was ein Kind durch gemeinsame Gemütswerte mit seinem Volke verbindet. Kleine Ursachen, große Wirkungen auch hier! Immerhin aber muß ich aus eigener Erfahrung sagen, daß ich, obwohl Englisch meine erste Sprache war, dadurch keinen Schaden erlitten habe. Ich habe vieles, was ich als Kind vielleicht nicht so unmittelbar wie andere meines Alters in mich aufgenommen, später schnell nachgeholt, auch die Gewöhnung an die deutsche Sprache. Die Vorteile sind mir geblieben, nämlich eine gründliche und ganz natürliche Kenntnis der englischen Sprache und damit wohl auch ein Einfühlen in manche englische Eigenart, obgleich ich nur einmal als erwachsener Mensch in England gewesen bin.

Weit wichtiger als diese heute praktisch wohl meist in deutschem Sinne gelöste Frage erscheint mir das Problem der ethischen Erziehungsziele, weil mir hier in der Gegenwart eine bedauerliche Umwertung aller Werte einzureißen scheint. Zwei Begriffe vor allem verleihen nach meinem Empfinden einem werdenden Charakter erst rechten inneren Wert: Ehrfurcht und Pietät. Und diese Begriffe waren es, die unsere Eltern als Grundprinzip in unser Leben hineinstellten. Ehrfurcht vor allem menschlich Verehrungswürdigen galt ihnen als eine selbstverständliche seelische Haltung der Jugend. Und nie wurde anders als in pietätvoller Weise von unseren verstorbenen Großeltern, Urgroßeltern und anderen Verwandten gesprochen. Niemals hörten wir eine unfreundliche oder gar abfällige und herabziehende Bemerkung über andere Menschen, die in unseren jugendlichen Köpfen jene Sucht nach Kritik hätte hervorrufen können, wie sie die Seelen unserer heutigen Jugend zu vergiften droht.

So wuchsen wir auf in Ehrfurcht gegen ältere Leute und angehalten zur Rücksichtnahme auf unsere Mitmenschen. Wir waren gewohnt, herzlichen Anteil zu nehmen am Leben Verstorbener. Mit welchem Interesse und mit welcher zarten Scheu durchwanderten wir die Räume dieser Verblichenen, betrachteten wir die dort pietätvoll bewahrten, von ihnen geliebten Gegenstände und pflegten, indem wir ein Bild ihres täglichen Lebens gewannen, ihr Andenken!

Ich bin oftmals darüber erstaunt, wie wenig wahrhaft geschichtlich nicht nur die Menschen von heute im allgemeinen, sondern auch Mitglieder von Fürstenhäusern denken! Wieviel würden sie sich und anderen sonst ersparen! Nicht durch zähes Haften an Äußerlichkeiten oder durch hochmütiges Auftreten bezeugt man die Abkunft von geschichtlich bedeutenden Persönlichkeiten, sondern – noblesse oblige! – indem man es sich zur Richtschnur seines Lebens macht, gerade dieser verpflichtenden historischen Vergangenheit wegen stets selbst pflichtbewußt zu handeln, in unbeirrbarem Verantwortungsgefühl vor Gegenwart und Zukunft!

Es ist mir daher oft schmerzlich, sehen zu müssen, wie wenig Anteil die jetzige Generation an ihren Vorfahren und deren Schicksalen nimmt. Es mag das sicher mit der hastigen, durch den schweren Lebenskampf bedingten heutigen Lebensweise zu erklären sein. Deshalb glaube ich, daß wir, die wir in unserer Jugend zur Tradition und Ehrfurcht vor der Vergangenheit erzogen worden sind, besonders darauf bedacht sein sollten, unsere Kinder zur Pietät anzuhalten.

Mit wie klugem Verständnis hat Mama überhaupt die Erziehung ihrer Kinder geleitet! Selbst sehr praktisch veranlagt, wollte sie gern, daß auch wir zu selbständigem Handeln befähigt würden, obwohl ich, wie schon erwähnt, immer unter Obhut sein mußte. Und wie Mama in ihrem Haushalt auf große Sparsamkeit hielt, so erzog sie auch mich persönlich, was Kleidung und Lebenshaltung anlangte, zur größten Einfachheit. Sie wollte vor allem verhindern, daß ich eitel würde, oder mich für vornehmer hielt als andere Mädchen meines Alters. Bezeichnend in dieser Beziehung war, daß Mama z. B. nicht einmal erlaubte, daß mir auf dem ersten Hofball, den ich später in Schwerin mitmachte, Vorstellungen gemacht wurden, wie es sonst bei jeder erwachsenen Prinzessin üblich war.

Zur Höflichkeit, zu der wir angehalten wurden, gehörte auch »die Tugend der Könige«, die Pünktlichkeit. Um zu dieser erzogen zu werden, mußte ich zu Mahlzeiten oder sonstigen Verabredungen regelmäßig fünf Minuten vorher bei Mama erscheinen. Das ist eine Maßnahme, die ich ihr zurückschauend jetzt noch besonders danke; ich habe sie bei meinen eigenen Töchtern mit gutem Erfolg wieder eingeführt. An erster Stelle aber verlangte Mama von ihren Kindern unbedingte Wahrheitsliebe und Mut im Bekennen eines Fehlers oder eines Vergehens; sie selbst ließ sich anderseits von dem Grundsatz völliger Gerechtigkeit leiten und appellierte schon frühzeitig an die Einsicht ihrer Kinder. Im ganzen war es eine recht strenge Erziehung, die wir unter Mama genossen haben, aber sie hat ihren Kindern damit weit mehr fürs Leben mitgegeben, als wenn sie uns verzärtelt und verweichlicht hätte.

In meinem sechsten Lebensjahr wurde Miß Jenkins durch eine »Nursery Governess« abgelöst. Der Abschied von der treuen »Nana« wurde mir sehr schwer. Da sie aber in Schwerin wohnen blieb, sah ich sie häufig wieder. Sie hatte dort eine kleine gemütliche Wohnung im Alexandrinen-Palais inne, die auf den Alten Garten hinaus ging. Wir verbrachten manche behagliche Plauderstunde bei der alten Dame, die dort friedlich und von niemand behelligt ihren Lebensabend genoß. Sie sprach ein ganz eigentümliches Gemisch von Deutsch und Englisch, was oft zu unserer Erheiterung beigetragen hat. Im übrigen blieb sie trotz der Liebe zu ihrem Mutterlande bis zuletzt voller Treue und Anhänglichkeit gegen Mecklenburg und unsere Familie. Sie starb 88jährig im Jahre 1917 und liegt auf dem Friedhof in Ludwigslust begraben; meine Geschwister und ich suchen regelmäßig ihr Grab auf.

Mrs. Saville, die »Nursery Governess«, die an Miß Jenkins' Stelle trat, war eine überaus gutmütige Natur. Der Unterricht lag in den Hauptfächern in den Händen des sehr tüchtigen Fräuleins Hildegard Kühne, die bereits meine Geschwister unterrichtet hatte.

Die Einteilung meines Tageslaufs erfolgte stets durch meine Mutter, und zwar bis in die geringsten Einzelheiten. Das geschah auch, wenn ich mit meiner Erzieherin auf Reisen war, und nach jeder Abwesenheit ließ sie sich über alles in Unterricht und im Alltagsleben Vorgefallene genauestens Bericht erstatten.

Im Winter begann der Unterricht um 8 Uhr und dauerte bis 11 Uhr oder 11.30. Meine Mutter hielt sehr darauf, daß ich viel an die Luft kam, so daß ich verhältnismäßig wenig Unterrichtsstunden am Tage hatte. Da sie aber eine volle Stunde dauerten und ich allein unterrichtet wurde, konnte ich das Pensum schaffen. Nach Tisch gingen wir spazieren oder machten Ausfahrten in die schöne Umgebung. An gewöhnlichen Tagen wurde der

Tee um 3.30 Uhr genommen, von 4 - 6 Uhr war Unterricht, von 6 - 7.30 Uhr Arbeitsstunde.

Im Jahre 1898 kam Fräulein Alwine Vordemann als Erzieherin zu mir und übernahm zum größten Teil auch den deutschen Unterricht. Trotz ihrer guten Eigenschaften vermochte ich mich aber nicht recht mit ihr einzuleben. Sie war wohl nicht mehr jung und elastisch genug, sich auf mich junges Mädchen so einzustellen, daß ein fruchtbares Verhältnis zwischen Erzieherin und Zögling erzielt worden wäre. Sie war aber literarisch gut bewandert und hatte reges Interesse für Theater, was mir bei meinen späteren Besuchen in Dresden zugute kommen sollte. Fräulein Vordemann blieb nur zwei Jahre, denn meine Mutter fürchtete eine Schädigung meines Charakters durch allzu häufige Konflikte.

Den ersten Religionsunterricht hat mir Pastor Ehrich erteilt. Er war mehrere Jahre bei meinem Bruder Hauslehrer, unterrichtete aber auch uns Schwestern in mehreren Fächern. Durch sein heiteres Temperament und die freundliche Art, auf unsere Eigenarten und auch auf unsere kleinen Späße einzugehen, war er uns Kindern besonders ans Herz gewachsen. Pastor Ehrich ist jetzt Propst an der Stadtkirche zu Ludwigslust. Wir erfreuen uns heute noch gemeinsam an den lieben alten Erinnerungen, und herzlich können wir darüber lachen, wenn er längst vergessene Geschichten aus unserem Kinderleben zum Besten gibt. Wie schön und herzerwärmend ist es, sich mit Menschen, die uns in Kinderjahren umgaben, durchs Leben in Treue verbunden zu wissen!

Später wurde mir der Religionsunterricht von Pastor Hermann Schmidt gegeben, dem Hüter des gottesdienstlichen Lebens in der kleinen deutschen Kirche von Cannes. Er hat dreißig Jahre lang sein Amt zum Segen so vieler Deutscher in Cannes verwaltet, obwohl er selbst sehr kränklich war und mit Atemnot zu kämpfen hatte. Er konnte nicht einmal im Stehen predigen, sondern mußte in einem großen Lehnstuhl auf der Kanzel sitzen. Seine Pflichterfüllung und Aufopferung im Beruf konnte als Vorbild dienen. In seiner Vertretung wurden die Religionsstunden vom Hilfsgeistlichen oder vom Vikar der Kirche gegeben. Am nächsten ist mir wohl der Vikar Alberts, der jetzige Superintendent in Stendal getreten, mit dem ich auch weiterhin in reger Verbindung blieb.

Der französische Unterricht, der einen reichlichen Platz einnehmen mußte, da wir die Hälfte des Jahres in Frankreich verbrachten, lag bei Mlle. Léonie Pascon in den besten Händen. Ich hatte das Glück, viele Jahre ihre Schülerin zu sein – noch als Braut habe ich Literatur mit ihr getrieben und viel bei dieser so liebenswerten und gebildeten Frau gelernt, was ich ihr mein Leben lang danke. Der ganze Unterricht zeichnete sich durch Sorgfalt und Gründlichkeit aus. Bei der Erlernung der französischen Sprache wurde ich in die Literatur, Kunst und Geschichte des Landes eingeführt. Im Geschichtsunterricht wandte sie die gute Methode an, mir die Entwicklung der wichtigsten Staaten durch vergleichende Betrachtung nahezubringen. Wir entwarfen entsprechende Tabellen, die sehr übersichtlich waren und den Horizont weiteten. Ihre anregenden Lehrbücher vermittelten mir eingehende Kenntnisse der verschiedenen Epochen. Wir lasen auch die französischen Klassiker, die mir durch Form und Inhalt als Ausdruck der Zeit ungemein lehrreich erschienen. Ich bedauere es sehr, daß die Jahre von diesen Kenntnissen viel verwischt haben. Denn Literatur, Kunst und

Geschichte bieten Geistesschätze, die man in ihrer vollen Tiefe erst in reifen Jahren nutzbringend aufnehmen kann.

Im Jahre 1909, als ich anläßlich des Todes meines Großvaters nach Cannes fuhr, sah ich Mlle. Pascon zum letztenmal. Sie hatte sich nicht verändert, auch nicht in ihrer herzlichen Anteilnahme für mich und mein weiteres Leben. Sie stellte allerdings zu ihrem Bedauern fest, daß meine Aussprache und die Flüssigkeit im Französischen durch Mangel an Übung gelitten hatten. Mlle. Pascon starb noch vor dem Kriege, so daß eine Entfremdung zwischen uns, wie sie im Verhältnis zu vielen anderen Angehörigen feindlicher Staaten leider der Fall war, nicht mehr eingetreten ist.

Ich hatte von klein auf Unterricht im Zeichnen und Malen und besaß wohl auch eine gewisse Begabung dafür, besonders für Landschaften; außerordentlich anregend wirkte vor allem die Zeit, als ich in Dresden mit meinem Bruder gemeinsam Zeichenunterricht nehmen konnte. Leider habe ich diese Anlagen später wenig gepflegt, und ich bedauere vor allem, daß ich mich nicht mehr im Aquarellieren vervollkommnet habe, das mir besonders gelegen hat; denn ein frisch nach der Natur gemaltes Aquarell ist etwas Entzückendes und verschafft dem Maler eine reine Freude. Leider bin ich als Kind auch, außer in Dresden, viel zu wenig in Galerien und Museen gekommen; denn das Auge muß für das Verständnis von Gemälden und Kunstgegenständen sehr früh geschult werden. Meine Mutter meinte immer, das hätte Zeit, bis ich erwachsen wäre. So bin ich zu meinem Bedauern auch niemals in meiner Jugend zu Studienzwecken nach dem so nahen Italien gekommen, was meine Bildung sicher sehr gefördert hätte.

Mit großem Eifer habe ich Klavierunterricht genommen. In Schwerin unterrichtete mich Herr Romberg, der langjährige Vorsteher des Schloßkirchenchors, in Cannes die sehr tüchtige Klavierlehrerin Madame Verne, die viel Verständnis für deutsche Musik und die Klassiker besaß. Sie ließ mich nach der Czernyschen und auch nach der Pleyelschen Klavierschule üben und, nachdem einige Sonatinen überwunden waren, mehrere Sonaten von Beethoven spielen. Was ich bei ihr gelernt habe, ist haften geblieben; ich bin ihr aufrichtig dankbar für die feste Grundlage, die sie mir gegeben hat.

Kamen bedeutende Künstler nach Cannes, war es für mich die größte Freude, wenn ich ihre Konzerte besuchen durfte. Leider habe ich niemals die berühmten wöchentlichen Symphoniekonzerte im. Kasino von Monte Carlo gehört, weil meine Mutter mir nicht erlauben wollte, das Kasino zu betreten. Ein großes Erlebnis meiner Kindertage war aber ein Konzert, welches das Berliner Philharmonische Orchester in Cannes im Laufe eines Winters gab. Bei dieser Gelegenheit hörte ich zum ersten Male Beethovens unsterbliche »Siebente«. Tief ergriffen lauschte ich den herrlichen Klängen dieses Kunstwerks, das mich dann, ich möchte sagen, als guter Freund durchs Leben begleitet hat.

Die große Liebe, die ich für die klassische Musik hege, ist früh in mir wach geworden. Gern hörte ich auch Opern, und mein häufiger Aufenthalt in Dresden bot die beste Gelegenheit, erstklassige Aufführungen zu besuchen. Ich durfte jedoch nur einmal in jeder Woche in die Oper gehen, so daß ich also in Dresden, wo ich ungefähr drei Wochen zu bleiben pflegte, höchstens drei Opern während eines Besuche zu hören bekam, da ich nicht verwöhnt werden sollte. Ich erwähne das, um zu zeigen, welchen genauen Bestimmungen mein Leben auch fern von meiner Mutter unterworfen war. Nur einmal wurde es mir auf dringendes Bitten meines Großvaters gestattet, die festgesetzte Zahl der Opernbesuche zu überschreiten. Welch eine Freude bedeutete dann aber ein solcher Abend für meine aufnahmebegierigen Augen und Ohren!

Ich darf sagen, daß ich bereits in jungen Jahren gelernt habe, gute Leistungen in der Musik zu schätzen. Viele der damaligen bekannten Künstler von der Dresdener Oper sind für mich tiefe Erlebnisse gewesen. Ins Schauspiel bin ich weniger gegangen; ich entsinne mich gerade noch der »Jungfrau von Orleans«, die ich in Schwerin mit Fräulein Wohlgemuth, jetzt am Burgtheater in Wien, als Johanna in einer ihrer ersten Aufführungen gesehen habe.

Anderseits habe ich in Dresden unter der Leitung des von uns verehrten Hofrats Jakob gelernt, Gedichte mit richtigem Ausdruck wiederzugeben. Hofrat Jakob war der Typ des höfischen humanistischen Gelehrten – man hätte ihn sich gut in der Rokokozeit in Eskarpins und mit Zopf vorstellen können – dabei von großer Herzenswärme und überlegenem Können. Er hat meinen Bruder während seiner Schulzeit erst auf dem Vitztumschen Gymnasium und später privatim im Deutschen unterrichtet und hat wesentlich dazu beigetragen, sein ausgesprochenes Redetalent auszubilden.

Gelesen habe ich von früh auf gern, und da meine Mutter mir zu Weihnachten stets schöne Bücher schenkte, die sie mit meiner Erzieherin gemeinsam aussuchte, so habe ich in meiner Jugend nur Gutes zu lesen bekommen. Am meisten liebte ich den historischen Roman. Vor allem verschlang ich die Werke Walter Scotts, für dessen

Helden ich schwärmte. Ebenso waren mir »Die Ahnen« von Gustav Freytag sehr ans Herz gewachsen. Mit modernen Romanen – was man damals eben »modern« nannte! – war Mama sehr vorsichtig, erlaubte aber das eine oder das andere Buch. So entsinne ich mich des Romans »Heimat des Herzens« von Ompteda, der wegen des darin behandelten Konflikts: die Verbindung zweier Menschen, die verschiedenen Nationen angehörten, tiefen Eindruck auf mich machte. In der Geschichte fesselte mich die Gestalt des Staufenkaisers Friedrich II. am meisten. Wie groß war meine Freude, als ich im vorigen Jahr das schöne Werk von Kantorowicz als reifer Mensch in mich aufnehmen konnte, und der Held meiner Jugendjahre so lebendig und zutiefst empfunden vor mir stand!

Im Dezember 1900 verließ mich Fräulein Vordemann und wurde ersetzt durch Fräulein Lucie King aus St. Petersburg, wo sie einige Jahre am Kaiserlichen Gymnasium unterrichtet hatte. Sie stammte aus einer ursprünglich normannischen Familie und hatte von der Mutter her deutsches und italienisches Blut in den Adern. Die russische Art war adoptiert, aber um so ausgeprägter. Fräulein King sprach vier Sprachen fließend, deutsch am besten, und deutsch war auch ihre Kulturatmosphäre trotz ihrer italienischen Lebhaftigkeit, ihrer englischen Energie und ihrer echt russischen Warmherzigkeit. Klug und umsichtig, aber auch aufrichtig und aufrecht, hat sie aus ihren Anschauungen und Empfindungen niemals ein Hehl gemacht und jedem ihre Meinung frei herausgesagt. Mit meiner Mutter geriet sie manchmal hart aneinander, ohne daß aber daraus ein Zerwürfnis entstanden wäre; dazu achtete jeder des andern Standpunkt zu sehr. In den Händen dieser aufopfernden Frau lag nun meine weitere seelische Entwicklung bis zu meiner Heirat; sie ist fortan meine tägliche Begleiterin gewesen, meine Beraterin in allen Schulangelegenheiten, in meinen verschiedenen Liebhabereien, und sie war mir vor allem eins: eine wahrhaft mütterliche Erzieherin.

Infolge des ausgedehnten sportlichen und geselligen Lebens, das meine Mutter führte, konnte sie mich nur in beschränktem Maße um sich haben; dazu kam, daß wir durch längere und kürzere Abwesenheiten häufig voneinander getrennt waren. So war es nur natürlich, daß Fräulein King trotz aller ihr vorgeschriebenen Richtlinien innerlich vollkommene Selbständigkeit in der erzieherischen Einwirkung gewann und damit einen Einfluß, der in hohem Grade für meine Entwicklung und meine ganze Lebensauffassung bestimmend wurde.

Mit gleichmäßig ruhiger und bestimmter Hand hat sie mich durch all die Jahre hindurch geführt, wobei es ihr oberster Grundsatz war, mich zur unbedingten Wahrhaftigkeit und zur Pflichterfüllung bis ins Kleinste anzuhalten. Wenn sie vielleicht manchmal meinem lebhaften und empfindsamen Temperament gegenüber eine gewisse Nachsichtigkeit erwies, so war das ein Ausfluß ihres weichen mütterlichen Herzens, ihres Gefühls, ich sei ein einsam aufwachsendes Kind, das warmer Liebe bedürfe. So gewann sie gleich in den ersten Tagen unserer Bekanntschaft mein Herz dadurch, daß sie mich in einer Krankheit liebevoll pflegte, und es entstand schnell zwischen uns ein Verhältnis, das nicht anders als freundschaftlich zu nennen ist. Sie hat mir bis heute diese tiefe Liebe bewahrt, und ich bin mir bewußt, ihr niemals das vergelten zu können, was sie mir aus überquellendem Herzen geschenkt hat.

Fräulein King stellte mit Genehmigung meiner Mutter einen geregelten und ausgedehnten Unterrichtsplan für mich auf. Sie selbst übernahm Russisch und Englisch, bis Mr. Jackson, der Hauslehrer meines Bruders, nach dessen Großjährigkeitserklärung frei wurde und zwei Jahre lang die englischen Stunden gab. Er war Afrikander von Geburt und eigentlich Geiger, bis ihn eine plötzliche Lähmung der Hand zwang, seinen Beruf zu wechseln. Im Jahre 1903 hat er sich mit der Hofdame Fräulein von Oertzen verheiratet. Fräulein Katharina Schröter aus Potsdam, Erzieherin im Hause Köckritz-Stirum, wurde für Deutsch, Geschichte, Geographie und Mathematik berufen. Sie war eine liebe, sehr gebildete und musikalische Dame, die ich bis auf den heutigen Tag herzlich verehre.

Der letzte Winter vor meiner Einsegnung war für meinen Unterricht die wichtigste Zeit. Denn es galt nun, alles Gelernte auf eine höhere Bildungsstufe zu bringen. Es wurde daher ein Lehrer berufen, der mir vor allem einen kulturgeschichtlichen Überblick geben sollte. Es war dies Dr. Köhler, der bei dem Kulturhistoriker Professor Lamprecht in Leipzig längere Zeit gearbeitet hatte. Dr. Köhler gab sehr interessante Stunden, die kleinen Vorlesungen gleichkamen. Ich danke ihm manchen anregenden Überblick und bin ihm besonders verpflichtet für die große Mühe, die er sich mit mir gegeben hat. Dr. Köhler blieb bis zu meiner Einsegnung und siedelte sogar noch mit uns nach Schwerin über.

Den Konfirmationsunterricht hat mir zwei Winter lang der bereits erwähnte Pastor Schmidt erteilt. Ich ging dazu in seine behagliche Wohnung oberhalb der deutschen Kirche, wo er mit seiner Nichte Fräulein Warneyer lebte, die ihm den Haushalt führte. Es waren sehr schöne und gemütvolle Stunden, die ich bei dem alten Herrn zubringen durfte. Von Mitte Mai 1903 an bereitete mich dann der Oberhofprediger D. Wolff in Schwerin auf die Einsegnung vor. Dieser letzte Unterricht war der für meine religiöse Entwicklung wichtigste, denn er vermittelte mir das positive lutherische Glaubensbekenntnis, dessen Verständnis mir gewiß nicht leicht fiel, dessen Auslegung mich aber durchaus überzeugte. Pastor Wolff ist uns Geschwistern bis auf den heutigen Tag ein wohlwollender Freund und Seelsorger geblieben, so daß wir keine Gelegenheit versäumen, ihn in Schwerin zu besuchen und ihm von unseren Lebensschicksalen zu berichten.

Meine Mutter war immer bemüht, mich nicht nur aus toten Büchern lernen zu lassen, sondern aus der lebendigen Anschauung heraus. Unter diesen Gesichtspunkt wurden auch die Reisen gestellt, wie es denn überhaupt wohl kein besseres Mittel zu wahrhafter Bildung gibt als verständiges und wohlvorbereitetes Reisen. In diesem Sinne bin ich meiner Mutter besonders dankbar dafür, daß sie mich die Pariser Weltausstellung im Jahre 1900 sehen ließ. Fräulein King und ich sind mehrere Tage dort gewesen und haben das Hauptsächlichste gesehen, wovon mir die Palais d'arts mit ihren herrlichen Kunstgegenständen am meisten Freude gemacht haben. Ein Aufstieg auf den Eiffelturm und eine Besteigung des Trottoir roulant haften mir lebhaft im Gedächtnis. Die wunderschöne Stadt mit ihren breiten Avenuen, mit den Champs Elysées, mit dem starken Verkehrsstrom bedeutete an sich schon ein unvergleichliches Erlebnis. Das riesige dunkle Gebäude des Louvre hat mir aber als ein Zeugnis vergangener kaiserlicher und königlicher Pracht neben den Tuilerien den stärksten Eindruck hinterlassen, und meine Gedanken waren vollauf beschäftigt mit den einstigen Bewohnern dieser Paläste, vor allem mit Marie Antoinette und Napoleon – Betrachtungen, die mich damals schon recht melancholisch stimmten!

Noch ein anderes Bild aus Paris ist in mir haften geblieben: die Place de la Concorde, wo die schwarzumflorte Statue Straßburgs täglich den Franzosen die im Kriege 1870/71 verlorengegangene Stadt ins Gedächtnis rief. Nur mit Beschämung kann man daran denken, daß bei uns ein Trauermal zum Gedächtnis der uns in Versailles entrissenen kerndeutschen Landesteile nirgends zu finden ist!

Alljährlich unternahm ich mit meiner Erzieherin im Frühjahr eine mehrwöchige Reise in die Schweiz, die als Übergang vom warmen Süden zum nordischen Klima gedacht war.

Unser Weg führte uns mehrmals nach Bern oder an den Genfer See, wo ich einmal in Vevey und einmal in dem schönen Glion, hoch über den Fluten des Sees, gewohnt habe. Die weiten Wiesen, die über und über mit Narzissen bestanden waren, bildeten mein ganzes Entzücken. Ein großer Genuß war auch die Fahrt mit der Zahnradbahn nach Caux hinauf; daß dort im Mai noch hoher Schnee lag, war für mich, die nur an den warmen Süden gewöhnt war, ein ungewohnter, daher um so überraschenderer Anblick. Die Besuche im Schloß Chillon, wo die Sage von dem »Gefangenen« spielt, der nach Lord Byron viele Jahre im Burgverließ in Ketten geschmachtet hat, regten meine Phantasie lebhaft an. Zu dieser schönen Landschaft bildete der Dent du Midi, der mit seinen sieben Zacken das Rhonetal beherrscht, einen prachtvollen Hintergrund: Einmal sind wir auch in Bozen gewesen, wo wir den Rosengarten im Alpenglühen bewundern konnten.

So interessant und bildend diese Reisen aber auch waren, so sehr wurden sie dadurch beeinträchtigt, daß ich keine innere Ruhe fand. Denn unwiderstehlich zog es mich nach der ersehnten mecklenburgischen Heimat, die ich den ganzen Winter über hatte entbehren müssen. Übrigens konnten wir uns große Sprünge kaum leisten, da unser Reisegeld recht knapp bemessen war. Denn, wie ich schon betonte, hielt meine Mutter darauf, daß unser tägliches Leben äußerst sparsam gehalten wurde, und von diesem Grundsatz durfte auch auf Reisen nicht abgewichen werden.

Die Sommerwochen, die ich mehrere Jahre hintereinander in der netten Dresdener Villa meines Bruders in der Mosczinskystraße, Ecke Beuststraße, zugebracht habe, sind für mich unvergleichlich schön gewesen. Mein Bruder wohnte mit seinem Gouverneur Herrn Viktor von Köckritz und dem langjährigen Hauslehrer Mr. Frank Jackson zusammen, der, wie ich bereits erwähnte, später auch mich unterrichtet hat. Die Freizeit benutzten Fräulein Vordemann und ich zu häufigen Gängen in die zauberhaft schöne Stadt, zu Besorgungen sowie zum Besuch der Galerien und der Museen. Neben der Gemäldegalerie im Zwinger liebte ich ganz besonders die Porzellansammlung des Johanneums, deren wiederholter Besuch wohl die Liebhaberei für schönes Porzellan in mir entwickelt hat.

Wagen und Pferde waren für meinen Bruder aus Schwerin mitgekommen, und so konnten wir an freien Nachmittagen im Großen Garten spazierenfahren oder größere Ausflüge in die ausgedehnte Dresdener Heide unternehmen – herrliche Nadelwaldungen, die sich auf den Höhen des östlichen Elbufers weithin erstrecken. Bei einer Fahrt mit Fräulein Vordemann gelangten wir auch einmal an das unweit der Stadt gelegene Denkmal des französischen Generals Moreau, der, in russischen Diensten stehend, 1813 in der Schlacht bei Dresden tödlich verwundet wurde. Es überraschte mich zu hören, daß unter dem Denkmal nur seine abgeschossenen Beine begraben sind, während er selbst in Petersburg beigesetzt worden ist.

In lebhafter Erinnerung stehen mir noch die Besuche, die wir bei zwei alten Damen gemacht haben. Die eine war Frau von Bornemann, eine gebürtige Mecklenburgerin und Bekannte unserer Großeltern. Ihr Mann war lange Jahre Mecklenburgischer Gesandter am Hofe Kaiser Napoleons III. gewesen, und sie wußte von ihren dortigen Erlebnissen in fesselnder Weise zu erzählen. Die andere war die alte Gräfin Versen, geborene von Rauch, Nichte des berühmten Bildhauers, deren Vater bei Kaiser Nikolaus I. als Generaladjutant in russischen Diensten gestanden hatte. Auch sie war am russischen Hofe aufgewachsen und mit meiner Urgroßmutter, der Kaiserin Charlotte, eng befreundet gewesen. Sie wußte sehr fesselnd von den Persönlichkeiten und den Zuständen am Zarenhofe zu erzählen; als ich später die hochinteressanten Erinnerungen Dr. Mandts, des Leibarztes Kaiser Nikolaus' I., las, wurde ich lebhaft an die Erzählung der Gräfin Versen erinnert.

Wir verkehrten in Dresden vornehmlich mit dem Schönburgschen Hause in der Wienerstraße, wo Erbprinzessin Lucie van Schönburg-Waldenburg, geborene Prinzessin Wittgenstein, mit ihrer Tochter Sophie, der nachmaligen Prinzessin Wilhelm zu Wied und Fürstin von Albanien, sowie ihren beiden Söhnen Otto Viktor und Günther lebte. Ich freundete mich bald mit Sophie an und habe sehr lustige und anregende Stunden in dem gastfreien Hause verlebt. Otto Viktor ist später im Weltkriege gleich zu Anfang als Gardehusar in Frankreich gefallen. Als Führer einer Patrouille war er zur Erkundung an den Bahndamm beim Dorfe Fresnes herangeritten und hatte, da er durch seinen wehenden Mantel als Offizier kenntlich war, das Feuer der hinter dem Damm versteckt liegenden Schützen auf sich gezogen. Ein Herzschuß riß ihn vom Pferde, und unter einem Rosenstrauch hauchte der Fürst sein junges Leben aus. Mit seinen letzten Worten ermahnte er noch seine Leute, nicht seinetwegen ihr eigenes Leben zu gefährden.

Zu dem fröhlichen Dresdener Kreise gehörte neben den Söhnen des Grafen Fritz Hohenau, die das Vitzthumsche Gymnasium besuchten, auch der damalige Erbgroßherzog Adolf Friedrich von Mecklenburg-Strelitz, der ebenfalls seine Studien in Dresden absolvierte und der mit meinem Bruder von Jugend auf eng befreundet war. Er war ein sympathischer, wohlerzogener junger Mann, für die rauhe Welt aber wohl zu weich, und so endete sein Leben zu unser aller großem Schmerz 1928 in so tragischer Weise.

Ab und zu machten wir alle gemeinsame Ausflüge in die weitere, sehr schöne Umgebung Dresdens, von denen mir eine fröhliche Tagesfahrt in die Sächsische Schweiz besonders in Erinnerung geblieben ist. Nach einer längeren Wanderung aßen mir zu Abend in Schandau und kehrten dann in frohester Stimmung heim. Zuletzt erfolgte in der Eisenbahn als Höhepunkt des Vergnügens eine förmliche Schlacht, bei der wir vom zarten Geschlecht uns bei Gefahr von Körperverletzungen in die Ecken des Wagens flüchten mußten.

Es war für mich, die ich meist ganz allein und ziemlich still lebte, ein besonderes Erlebnis, mit soviel lebenslustiger und übermütiger Jugend zusammen sein zu dürfen. Das nahm ein Ende, als mein Bruder im Jahre 1900 nach Bonn ging und sein Haushalt in Dresden aufgelöst wurde. Trotzdem führte mich der Weg immer wieder nach Dresden, um meinem Großvater Großfürst Michael Nikolajewitsch, der sich dort alljährlich im Spätherbst bis Anfang Dezember einer Kur unterzog, Gesellschaft zu leisten.

Fräulein King und ich wohnten mit meinem Großvater in dem herrlich an der Elbe gelegenen Hotel Bellevue, wo wir uns dank der sorgfältigen Leitung seines Besitzers Ronnefeld sehr wohlfühlten. Meistens hatten Fräulein King und ich Zimmer, die nach der Oper hinaus lagen. Das war für mich von unbeschreiblichem Reiz, denn ich liebte die Dresdener Oper mit glühender Backfischbegeisterung. Mittags konnte ich die Sänger und Sängerinnen beobachten, wenn sie nach Schluß der Probe nach Haus gingen, zu anderen Zeiten wurden Kulissen ausgetauscht, Instrumente hingetragen: alles, was mit der geliebten Oper in Beziehung stand, interessierte mich brennend!

Und mit welchen Gefühlen saß ich in der Loge, wenn ich eine Vorstellung besuchen durfte! mit ungeduldiger Erregung sah ich auf die eigenartige viereckige Uhr im Zuschauerraum, auf der die Stunden und Minuten als Ziffern in Quadraten erscheinen und nach unten ruckartig verschwinden. Diese Uhr erregte mein besonderes Entzücken, ich habe sie immer wieder wie eine alte

Freundin begrüßt. Noch heute vermag ich die herrlichen Aufführungen nachzuerleben: »Tannhäuser«, »Lohengrin«, »Don Juan«, »Die verkaufte Braut«, »Rienzi« und andere Opern. Auch ein wundervolles Simphoniekonzert hörte ich einmal mit meiner Mutter in der Oper. Künstlerinnen wie Therese Malten, Marie Wittich, Frau Abendroth, Erika Wedekind, Künstler wie der Heldentenor Karl Burrian, der Bariton Karl Scheidemantel, Friedrich Plaschke u. a. stehen noch heute lebendig vor mir.

In der Intendantenloge sah man öfter den Intendanten Graf Seebach, der wagemutig mit zahlreichen Uraufführungen, unterstützt von einem glänzenden Ensemble, Dresden für Schauspiel und Oper zu einem Mittelpunkt des modernen Theaterlebens gemacht hat. Mit ihm bekannt geworden bin ich erst 1917, als ich wieder in Dresden war. Damals als Kronprinzessin wurde ich von ihm empfangen und in die Hofloge geleitet, als kleines Mädchen oder Backfisch war ich »Privatperson« und saß unbeachtet in einer der gemütlichen Ranglogen.

Abgesehen von diesen wenigen Abenden verlief das Leben in Dresden recht still. Nach den Mahlzeiten spielte ich mit meinem Großvater Halma. Ich sagte ihm dort auch zum erstenmal ein längeres russisches Gedicht auf, das über den Kasbek, den höchsten Berg im Kaukasus handelte. Trotz Lampenfiebers und Herzklopfen ging es ganz gut, und der Großvater freute sich lebhaft über meine Fortschritte in der russischen Sprache.

Manchmal erhielt mein Großvater den Besuch der Erzherzogin Maria Theresia, der Schwägerin Kaiser Franz Josefs. Die Freude war beiderseits groß, da sie sich sehr nahe standen. Die Erzherzogin war eine vornehme Erscheinung und von großer Liebenswürdigkeit, darin ähnlich ihrer Schwester Marie José, der Herzogin Karl Theodor in Bayern. Ich weiß noch, wie die Erzherzogin einmal ganz überraschend ins Hotel kam, ohne sich angemeldet zu haben. Wir trafen uns auf der Treppe, und mein Großvater umarmte die Erzherzogin und küßte sie nach russischer Sitte dreimal auf die Wange – zum nicht geringen Erstaunen der dabeistehenden Hoteldienerschaft!

Mein Großvater nahm mich auch mit zu seinen Besuchen in Strehlen bei der Königin Carola, der Gemahlin des Königs Albert von Sachsen; sie war eine sehr liebe mütterliche Frau. Ich erinnere mich noch, daß mein Großvater sich eingehend mit ihr über ernste und religiöse Dinge unterhielt, und daß sie dabei auch das Sektenwesen berührten, das damals in Südrußland um sich griff. Bei unserem letzten Besuch waren noch andere Mitglieder der Sächsischen Königsfamilie anwesend, u. a. auch die Kronprinzessin Luise, die sich freundlich mit mir jungem Mädchen beschäftigte. Sie war sehr hübsch und lebhaft und außerordentlich natürlich in ihrem Wesen. Sechs Wochen später verließ sie Dresden und ihre Familie für immer.

Von den Besuchen bei meinem Bruder und bei meinem Großvater her ist mir Dresden fast heimatlich geworden, und ich betrete die schöne Stadt niemals ohne ein Gefühl des Wohlbehagens und dankbarer Erinnerung an die freudvollen Tage, die ich in meiner Jugend dort verbringen durfte. Vor einigen Jahren kam ich auf der Reise von München nach Oels wieder einmal nach Dresden und durchwandelte ganz allein die Straßen, durch die ich als Kind soviel gegangen war. Sie waren noch ganz still und leer, da es Sonntag und früher Morgen war. Die Mosczinskystraße, in der mein Bruder gewohnt hatte, hat sich kaum verändert. Die Villa, die dem im Kriege verstorbenen Oberstallmeister von Haugk gehörte, sieht noch genau so aus wie vor dreißig Jahren. Es war ein ganz eigenartiges Gefühl, so flüchtig und unter so veränderten Zeitumständen als älterer Mensch die bekannten Wege der Kindheit wieder zu gehen.

Der 3. Juli 1903 war der feierliche Tag meiner Einsegnung. Tags zuvor hatte die Prüfung vor meiner Mutter, meinem Bruder und Fräulein King stattgefunden. Ich war ganz sicher in der Beantwortung all der vielen Fragen, die mir vorgelegt wurden, gewesen, so daß ich ruhig und freudig zu der schönen Feier, die meiner am andern Tage harrte, gehen konnte.

Es war ein strahlend schöner Sonnentag. Vor meinem Fenster nickten mir voll erblühte Rosen ins Zimmer, der See umrauschte unser geliebtes väterliches Schloß, die Heimat umgab mich in ihrem schönsten Kleid! Ich werde nie den feierlichen Augenblick vergessen, als meine Mutter und mein Bruder mich von der Waffenhalle aus in die liebe Schloßkirche geleiteten, wo ich vor dem Altar Platz nahm. Sämtliche Verwandte und die Hofgesellschaft befanden sich schon auf ihren Plätzen. Ich vergaß aber bald die Anwesenden und sah nur dankerfüllten Herzens hinauf zu den sonnendurchfluteten bunten Fenstern und zum marmornen Christus, der den schönen Altar beschirmt. Auch hier konnte ich das lange Examen, das in Mecklenburg üblich war, gut bestehen; tiefbewegt kniete ich am Altar, den Segen des Herrn auf mich herabflehend. Den mir vom Oberhofprediger D. Wolff mitgegebenen Spruch: »Befiehl dem Herrn Deine Wege und hoffe auf ihn, Er wird's wohl machen« hatte ich mir selbst gewählt; er hat sich mein ganzes Leben hindurch segensreich bewährt.

Am Schluß der Feier ging ich als nunmehr »Erwachsene« im Zuge der Fürstlichkeiten, geführt von meinem Vetter Paul Friedrich; im Salon meiner Mutter erwartete mich ein reicher Gabentisch. Nach dem Familienfrühstück wurde ich in der Waffenhalle dem Hofe vorgestellt und nahm gerührten Herzens viele liebevolle Glückwünsche entgegen.

Am Abend fuhren wir nach Ludwigslust, um dort am nächsten Morgen in aller Stille am Grabe meines geliebten Vaters die Abendmahlfeier zu begehen. Wir saßen in diesem wundervollen weißen, beinahe festlich wirkenden Mausoleum vor seinem Sarkophag. Meine Geschwister, mein Schwager Christian und mein Patenonkel Heinrich XVIII. Reuß gingen mit zum Tisch des Herrn. Meine Mutter als orthodoxe und Fräulein King als reformierte Christin nahmen am Heiligen Abendmahl nicht teil, saßen aber im Geist innig verbunden mit mir zusammen. Dieses erste Kommunizieren am Grabe meines Vaters machte auf mich einen unauslöschlichen Eindruck. Viele Jahre später, als unsere ältesten Söhne in Potsdam eingesegnet wurden, wiederholte sich dieser feierliche Vorgang im Antiken Tempel am Sarge der geliebten Großmutter meiner Kinder, der Kaiserin Auguste Viktoria.

Mit der Einsegnung galt meine Erziehung formal als beendet, wenn auch meine bisherige Erzieherin noch bei mir blieb und mich weiter bildete. Fräulein King erhielt den Titel einer Ehrendame, da meine Mutter mir eine Hofdame noch nicht geben wollte. Sie selber wollte mich noch nicht so früh in die Welt gehen lassen und betonte noch lange meine kindliche Abhängigkeit von ihrer mütterlichen Führung.

VI.
Sommerfahrten nach Russland

Wenn man einen lieben Menschen, mit dem man frohe und glückliche Zeiten verlebt hat, unter unsagbar traurigen Umständen hat sterben sehen, wenn alles, was von seinem Leben und Schaffen beugte, planmäßig ausgetilgt worden ist, so scheut man sich, wieder an diese Erinnerungen zu rühren – aus Furcht, daß sie die alten, kaum vernarbten Empfindungen des Schmerzes wieder aufwühlen könnten.

So geht es mir, wenn ich mich anschicke, meine Eindrücke von Rußland wiederzugeben, die mich einst reich beglückten und die aufmeine Jugend tief eingewirkt haben. Unsere jährlichen Reisen dorthin, das Leben im Hause meines geliebten Großvaters, des Großfürsten Michael Nikolajewitsch, das Erleben der ungeheuren, weltumspannenden Macht, die damals das Kaiserliche Rußland bedeutete, die Begegnungen mit Menschen und Dingen, die in dieser unermeßlichen Weite wurzelten, alles das hat in meinem jugendlichen Gemüt eine Vorstellung von etwas Unzerstörbarem, Allgewaltigem geschaffen, das irgendwie mit dem Bestehen der Erde zusammenhängen mußte. Daß das russische Kaiserreich jemals ausgelöscht werden könnte, wäre mir ebenso undenkbar gewesen, wie daß die Erde mit dem Mond zusammenstoßen und im Weltall vergehen könnte.

Und diese Eindrücke erhielt ich unmittelbar am Kaiserhof selber, als nahe Verwandte der kaiserlichen Familie, ich nahm sie mit begeisterter Empfänglichkeit in mir auf. Dabei muß ich vorausschicken, daß ich natürlich niemals in die Lage gekommen bin, bewußt russische Zustände und Menschen kennenzulernen, wie sie etwa Dostosjewski beschreibt, aber ich habe doch den riesigen Apparat der russischen Verwaltungsmaschine von nahem gesehen und Vieles aus dem Munde meiner Verwandten gehört, die die Dinge recht genau zu beurteilen vermochten. Besonders gut unterrichtet war der älteste Bruder meiner Mutter, Nikolaus Michailowitsch, der als der liberalste Großfürst galt und infolge seiner vielseitigen Interessen in Kreisen verkehrte, die sonst dem Hofe gänzlich fernstanden. Ich habe bereits erzählt, daß er während seines Winteraufenthalts in Cannes mir gern von seinen geschichtlichen Studien zu erzählen pflegte.

Persönlich habe ich so viel Liebe und Güte in Rußland erfahren, daß der Dank dafür mir unauslöschlich im Herzen gehlieben ist. Es rührt mich tief, wenn mir noch heute, nach allem, was inzwischen über Rußland und Deutschland hereingebrochen ist, soviel Anhänglichkeit und Vertrauen von russischen Emigranten entgegengebracht wird. Ich darf das gewiß nicht meiner Person zuschreiben, sondern der großen Liebe, deren mein Großvater sich im russischen Reiche erfreut hat, sowie der Verehrung, die meiner Mutter von ihren Landsleuten entgegengebracht wurde.

In den Jahren 1898 bis 1904 bin ich mit meiner Mutter jeden Sommer nach Rußland gefahren. Mein Großvater wohnte in seinem Landhaus Michailowskoe; es lag zwischen Strelna und Peterhof an der Kronstädter Bucht, etwa eine halbstündige Bahnfahrt von St. Petersburg entfernt.

Unsere Reise, die wir meist zur See zurücklegten, war an sich schon recht genußreich. Gewöhnlich entsandte der Großfürst Alexei als Großadmiral oder Höchstkommandierender der russischen Flotte den ihm als Privatjacht dienenden 3800 Tonnen großen geschützten Kreuzer »Swjetlana« in einen der Ostseehäfen, um meine Mutter abzuholen. Zweimal stellte ihr auch Kaiser Nikolaus seine schöne Jacht »Standart« für die Rückreise zur Verfügung, ein Höflichkeitsakt gegenüber einer im Ausland verheirateten Großfürstin, der wohl seinesgleichen sucht.

Die »Standart« war eine dreimastgetakelte Dampfjacht, außen schwarz, ein prachtvolles Schiff mit einem Segelschiffbug, der ihr ein schnittiges Aussehen verlieh. Die Inneneinrichtung war verhältnismäßig einfach, aber sehr behaglich und praktisch. Die Vorliebe des Kaiserpaares für Birken- und Ahornholz sowie blumige Kretonnes oder waschbare »Chints« kam überall zum Ausdruck.

Als die »Standart« uns einmal nach Warnemünde brachte, besuchte uns von dort aus eine Abordnung des Offizierkorps auf Mamas Einladung in Gelbensande. Ihre Eintragungen im Gästebuch sind noch heute ein Zeugnis unserer einstigen schönen Seereisen nach Rußland.

Stand kein Schiff zur Verfügung, so wurde uns an der Grenze bei Eydtkuhnen ein Hofzug gestellt. Diese Hofzüge, vor allem die älteren, waren äußerst luxuriös ausgestattet, Seidendamast bedeckte die stark gepolsterten Sofas und Sessel des Salons. Ein richtiges Bett nahm uns zu ungewiegtem Schlaf in den Schlafkabinen auf. Die Züge fuhren sehr langsam und daher ohne große Erschütterungen, was die Fahrt sehr angenehm machte.

Die Lokomotive wurde sogar mit Holz geheizt, damit die Reisenden nicht durch Kohlenstaub belästigt würden. Die vorzügliche Kaiserliche Hofküche bildete eine weitere Annehmlichkeit der Hofzüge, die nicht zu unterschätzen war.

Die 24 bis 36 Stunden, die man durch das große russische Reich fuhr, boten des Interessanten genug. Die wenigen Städte, die wir berührten, Wilna, Pskow und einige kleinere, zeigten alle das gleiche Bild: meistens Holzhäuser, russische Kirchen mit Zwiebeltürmen, auf den Bahnhöfen die militärischen Wachen. Im übrigen aber weite, endlose Moorflächen, Birken- und Tannenwälder, Wiesen mit zugespitzten runden Heumieten, wie man sie bei uns jetzt noch in der Lausitz findet, Wasserflächen, in denen sich die untergehende Sonne rötlich spiegelte, ab und zu Dörfer aus Blockhäusern, fast nie ein bebautes Kornfeld – alles das wirkte unendlich melancholisch, aber auch unbeschreiblich anziehend. Wie lange hat diese Landschaft in meiner kindlichen Phantasie noch nachgewirkt! Wie fühlte ich mich manchmal, mitten in unserem Gelbensander Walde, wenn im Herbst ein kühler Windstoß die gelben Blätter einer Birke herabwirbelte, im Geiste nach Rußland versetzt, in seine Einsamkeiten, in seine unermeßlichen Weiten! Weiße Birkenstämme, bemooster Boden, herbstliche Melancholie lassen noch heute in mir das Bild der russischen Landschaft erstehen.

So schön die Bahnfahrten durch die Weiten Rußlands auch waren, so wurden sie doch weit übertroffen durch die Fahrten zur See. Sie bildeten für meine Mutter und mich eine ununterbrochene Quelle der Freude. Und ist es schon ein besonderer Genuß, in den hellen Hochsommernächten die Ostsee bis Kronstadt zu befahren – wieviel mehr noch auf diesen behaglich eingerichteten Jachten, umgeben von den Aufmerksamkeiten und Freundlichkeiten der russischen Admirale und ihrer Offiziere! Freilich, als ich die Fahrt zum ersten Male machte, kam ich mir, von fast nur russisch sprechenden Menschen umgehen und ohne selbst ein Wort russisch zu können, sehr verlassen vor. Aber dieses Gefühl verlor sich von Jahr zu Jahr mehr, je besser ich der russischen Sprache mächtig wurde.

Wie interessant schon war das Anbordgehen für jemand, der noch nie auf einem Kriegsschiff gefahren war! Zunächst fand die Vorstellung der Offiziere statt, an der ich auch teilnehmen durfte. Dann erfolgte die Begrüßung der Mannschaften. Die Besatzung stand zu diesem Zweck in Parade rund um die Decks aufgestellt, meine Mutter schritt, vom Kommandanten begleitet, die Front ab und begrüßte die Matrosen mit dem Zuruf: »Zdarowo Bratsa!« (Gesundheit, Brüder!), worauf diese dröhnend antworteten: »Zdarowie jelaem, Wasche Imperatorskoe Wisotschestwo!« (Wir wünschen Euer Kaiserlichen Hoheit Gesundheit!)

Lag das Schiff in Swinemünde oder auf der Reede von Warnemünde, so wurde der Anker bald nach unserem Eintreffen gelichtet. Erfolgte die Ausreise in Kiel, so wurde abends noch eine Hafenfahrt unternommen. Das denkwürdigste Ereignis in diesem Zusammenhang war für mich ein Besuch auf der »Hohenzollern«, als diese einmal mit den Majestäten im Kieler Hafen lag. Zu unserer Überraschung hatte der Kaiser mit großem Gefolge uns in Kiel auf dem Bahnsteig erwartet und in seiner flinken Barkasse gleich zur Kaiserin mitgenommen. Es war das erstemal, daß ich meinen späteren Schwiegereltern vorgestellt wurde; auch meinen nachmaligen Schwager Adalbert lernte ich bei dieser Gelegenheit als ersten der Brüder des Kronprinzen kennen.

Auf der »Hohenzollern« fand zunächst die übliche Begrüßung des Offizierkorps und der Herren des Gefolges statt. Dann empfing die Kaiserin meine Mutter mit ihren Damen im Vorzimmer des Eßsaals, und darauf gingen wir in den Salon hinunter, wo angeregt geplaudert wurde. Der Kaiser war schon früh an Bord der »Swjetlana« gewesen, als sie gerade eingelaufen war und noch nicht Klar-Schiff gemacht hatte. Er erzählte überaus heiter von der Überraschung, die sein früher Besuch hervorgerufen, und daß manch einer bereits um diese Morgenstunde reichlich dem Wotka zugesprochen hätte. Die Kaiserin war sehr gütig und liebenswürdig auch zu mir Backfisch, und ich weiß noch, wie ich mir herausnahm, als die Rede auf ihre Segeljacht »Iduna« kam, zu bemerken, daß ich den Namen sehr hübsch finde. Ich errötete dann über die vorlaute Bemerkung, hatte aber den Eindruck, daß die Majestäten sie mir nicht übel nahmen.

Welche schönen Erinnerungen verbinden uns nicht mit der »Iduna«, diesem schmucken Segelschiff! Die Kaiserin stellte sie uns später öfter zur Verfügung. Die erste längere Fahrt machten wir mit ihr nach meiner Hochzeit; wir fuhren erst auf dem »Meteor«, der Rennjacht des Kaisers, und stiegen dann, als diese zur Regatta nach Cowes abgehen mußte, auf die »Iduna« über. Wir unternahmen unter dem Kommando von Kapitän Karpf eine herrliche Kreuzfahrt durch die dänischen Gewässer nach Bornholm und daran anschließend nach Swinemünde. Das letztemal bin ich auf der »Iduna« mit meinem Sohn Wilhelm, der damals ein kleiner, aber schon sehr seebegeisterter Junge war, von Danzig über Bornholm nach Heiligendamm und Warnemünde gefahren. Im Jahre 1914 wurden mein Schwager Eitel Friedrich und seine Frau in Stockholm an Bord der »Iduna« auf friedlicher Fahrt von der drohenden Kriegsgefahr überrascht. Nun ist das schöne weiße Schiff, das mit vollen Segeln einem stolzen Schwan glich, nach Amerika verkauft, und unsere schönen Kreuzfahrten auf eigenen Schiffen gehören mit so manchem anderen der Vergangenheit an. Damals aber ahnte ich noch nichts von der Zukunft und freute mich an der für mein kindliches Gemüt berauschenden Gegenwart.

Nach Beendigung unseres Besuchs auf der »Hohenzollern« begleitete uns der Kaiser noch auf die »Swjetlana« und nahm äußerst freundlich Abschied. Ich war sehr stolz darauf, daß er mir in seiner ritterlichen Art beim Aussteigen behilflich war und mich »meine Tochter« nannte. Wer hätte damals vermuten können, daß ich einmal diesen Namen zu Recht tragen würde!

Die Reise nach Kronstadt dauerte 36 oder 48 Stunden, je nach dem Hafen, von dem aus wir die Fahrt antraten. Wir hatten meist schönes und ruhiges Wetter, das natürlich eine Vorbedingung für eine angenehme Fahrt ist. Wie wundervoll war es, wenn die Nacht allmählich und zu ganz später Stunde sich auf das Meer niedersenkte! Wie tief schwarzblau sah ich Himmel und Meer schimmern, wenn ich vor dem Einschlafen aus dem Kabinenfenster hinaussah, wie erhaben empfand ich die Stille und Weite des Meeres!

Unter dem Rauschen der See, die unablässig gegen die Schiffswand schlug, lag ich, überglücklich, an Bord eines so schönen Schiffes zu weilen und herrlichen Tagen und Wochen entgegensehend, in meiner Koje. War es Wahrheit oder Traum? Ein Gefühl der Unwirklichkeit kam über mich. Um mich zu überzeugen, daß es kein Traum war, der mich umfing, suchten meine Augen stets das vertraute Christusbild, das in einer Ecke der Kabine hing. Denn es entsprach der orthodoxen Sitte, daß, wie in jedem bewohnten Raum, so auch hier ein Heiligenbild aufgehängt war.

Eine überaus eindrucksvolle Zeremonie spielte sich jeden Abend bei Sonnenuntergang auf den russischen Kriegsschiffen ab: die Flaggenparade mit anschließender Andacht. Die Mannschaft war auf Deck im Karree aufgestellt, der Priester in goldgesticktem Ornat stand in der Mitte und sprach seine Gebete. Im Augenblick, da die Sonne ins Meer tauchte, ertönte Trommelwirbel, die Flagge sank vom Mast, und die Musik spielte »Ich bete an die Macht der Liebe«, indessen die Offiziere und Mannschaften barhäuptig in tiefer Andacht standen. Die Feierlichkeit des Vorganges läst sich nicht mit Worten schildern. Das Meer lag still und ruhig. Am Horizont verglühte das Abendrot. Gespenstisch tauchten aus der Dämmerung die Umrisse eines Segelschiffes. Man fühlte den gleichmäßigen Takt der Maschinen. Meine jugendliche Seele, tief ergriffen, stand ganz im Banne dieser wunderbaren Stimmung.

Das alles sind Eindrücke, die mich unverlierbar durchs Leben begleiten.

Die Mahlzeiten nahmen wir mit dem Kommandanten im schönen Eßzimmer achtern ein. Die russische Küche war vorzüglich, wenn auch reichlich fett. Jeden Mittag wurde das Mannschaftsessen probiert, wobei feierlich ein Teller meiner Mutter, ein Teller mir, dem Kommandanten und so weiter, zum Kosten von einem Matrosen präsentiert wurde. Am zweiten Abend waren wir meistens zum Essen in der behaglichen Offiziersmesse eingeladen und verbrachten mit den liebenswürdigen Herren einen gemütlichen Abend; wir lernten sie im Laufe der Jahre gut kennen, da die älteren selten abgelöst wurden. Dabei wurde Tee in Gläsern mit Zitronenscheiben sowie russisches Konfekt gereicht. Manch einer spielte Klavier oder sang russische Lieder, meist melancholische. Das Schönste aber war die Balalaika-Kapelle, die an der offenen Tür saß und ihre rhythmischen Weisen ertönen ließ. In Rußland besaß fast jedes größere Schiff und wohl jedes Regiment eine solche Balalaika-Kapelle, dazu Sänger, die ausgezeichnet geschult waren. Der Russe ist eben von Natur außerordentlich musikalisch.

Morgens früh erfreuten wir uns an der Sonne und dem tiefblaugrünen Meer, gingen auf die Brücke, von wo aus wir Schiffe beobachteten oder auch dann und wann die Küste sichten konnten. Einmal gingen wir bei Rügen vor Anker, und mein Bruder, der uns begleitete, fuhr mit einigen Offizieren in der Barkasse ans Land und bestieg das hohe Ufer von Arcona, wo die Seestation liegt. Es wurden Telegramme abgegeben und der Leuchtturm besichtigt.

Mannigfache Bordspiele wurden zu unserem Vergnügen veranstaltet. Beim »Bull«, einem Spiel, wie es ähnlich jetzt auf allen Ozeandampfern gespielt wird, wurde ein langes Stück Segeltuch ausgebreitet, auf das schwarze Karos mit Nummern gemalt waren, Die Spieler, die zwei Parteien bildeten, mußten versuchen, mit ziemlich starken, aus Tauen geflochtenen Ringen in die Karos zu treffen. Die Partei, die am Schluß die höchsten Nummern geworfen hatte, war Sieger. Das Schönste aber war eine richtige Rutschbahn, die aus Brettern gebaut und an einem der Deckaufbauten schräg aufgerichtet wurde. Wir setzten uns oben auf einen kleinen Teppich, rutschten höchst vergnügt darauf herunter und infolge des erlangten Schwunges noch ein Stück weiter am Deck entlang, das zu diesem Zwecke gewachst worden war. Weitere Unterhaltung boten die Tänze, die die Matrosen vorführten, und ihre Spiele, denen wir zuschauten. Bei alledem machten die russischen Matrosen einen gutmütigen, anhänglichen Eindruck; auch schien das Verhältnis zu ihren Vorgesetzten sehr gut zu sein.

Am zweiten Fahrttage kam Reval in Sicht. Die alte, noch ganz mittelalterlich aussehende Stadt macht mit ihren Kirchen und Türmen vom Meere aus einen erhabenen Eindruck. Der Dom gemahnte an die deutsche Vergangenheit der Hansestadt, während die orthodoxe Alexander-Newskij-Kathedrale mit ihren vergoldeten Kuppeln von der neuzeitlichen russischen Herrschaft über die Baltenlande Zeugnis gab.

Ein hochinteressantes Erlebnis bedeutete es für mich, als wir auf einer unserer Reisen einmal an einer Übung russischer Seestreitkräfte teilnehmen durften. Wir sahen Torpedobootsangriffe, ihre Abwehr und andere taktische Manöver, die in hohem Maße fesseln und belehrend waren.

Wenn wir am dritten Morgen früh aufstanden, lagen wir meist schon auf der Reede von Kronstadt, der auf einer Insel im Finnischen Busen angelegten Festung. Beim Einlaufen salutierten die altmodischen Forts, die noch aus der Zeit stammten, als Rußland mit Schweden im Seekrieg lag; ihre massiven schwarzgrauen Mauern gaben der Festung einen unheimlich düsteren und drohenden Charakter. Die modernen Batterien, die die Einfahrt in die Kronstädter Bucht beherrschten, waren auf Rosten im Wasser erbaut und machten den Eindruck, als ob sie auf dem Meere schwammen.

Manchmal kam uns Großfürst Alexei zur Begrüßung nach Kronstadt entgegen. Er war ein Hüne von Gestalt, dem Zaren Alexander III. am ähnlichsten von einen Brüdern, sehr lebhaft, mit einer lauten Stimme, sehr liebenswürdig und jovial. Stets meldete sich auch der Fürst Urussoff bei meiner Mutter zum Dienst für die Dauer ihres Besuchs, ein guter Freund von uns und Vater einer lieben Freundin meiner Schwester. Ferner kam der Kommandant von Kronstadt an Bord, um meine Mutter zu begrüßen, und gelegentlich auch mein lieber Großvater selber. Das gab dann jedesmal unbeschreiblich viel Zärtlichkeit, und seine Freude über unsere Ankunft war geradezu rührend mit anzusehen.

Nun hieß es Abschied nehmen von der »Swjetlana« und sich zur Fahrt über die Kronstädter Bucht nach Peterhof rüsten. Wir bestiegen die »Strela« (Pfeil), eine kleine schlanke Jacht, die der Kaiserlichen Familie als Verkehrsschiff zwischen Peterhof und St. Petersburg diente. Wenn wir ablegten, spielte die Kapelle und salutierten die Geschütze der »Swjetlana«, und mit einer gewissen Wehmut sahen wir nach einer Weile das Schiff, das uns so sehr ans Herz gewachsen war, am Horizont verschwinden.

Aber bald sollten uns neue Eindrücke beschäftigen. Die Küste kam näher, Oranienbaum winkte herüber, und nicht lange, so kam auch Peterhof in Sicht.

War mein Großvater uns nicht nach Kronstadt entgegengekommen, so erwartete er uns mit meinen Onkeln und seinen Herren auf dem Landungsplatz in Peterhof. Nach herzlicher Begrüßung wurden wir an den Wagen geleitet, die flinken Orlofftraber, die schon ungeduldig scharrten, zogen an und jagten in flottem Trab davon – es klang wie Trommeln auf dem breiten, mit Bohlen belegten Holzsteg. In schnellem Tempo ging es dann durch den schönen Park von Peterhof, das Große Schloß blieb rechts liegen, weiter durch das Tor des stark bewachten Parks von Alexandria, wo die Majestäten zur Zeit residierten. Die wachthabenden Unteroffiziere warfen die Tore auf, alles stand stramm, mir rasten durch, und vorbei ging es an weiten Wiesen, schönen Baumgruppen und idyllischen cottageartigen Häuschen, dann wieder hinaus in die öffentlichen Teile des Parks, an der Snamenskaja vorbei, dem langgestreckten rötlichen Schloß der Großfürsten Peter und Nikolaus Nikolajewitsch, um dann nach einer halbstündigen Fahrt in den Park von Michaelowskoe einzubiegen. Wieder ging es eine Weile an Wiesen und Birken vorüber, vorüber schließlich auch am Kavalierhaus, und nun waren wir am Ziel unserer Reise: Schloß Michaelowskoe lag vor uns, und zahlreiche liebe Verwandte, die Umgebung meines Großvaters und die Dienerschaft, alles alte Freunde meiner Mutter aus ihrer Kindheit, standen da, um uns mit größter Herzlichkeit zu begrüßen.

VII.
Michaelowskoe, die Heimat meiner Mutter

Michaelowskoe, der Sommersitz meines Großvaters, lag anmutig und idyllisch am Finnischen Meerbusen, an der breiten Küstenstraße, die von St. Petersburg über Strelna an Parks, Villen und Lustschlössern der anderen Großfürsten vorbei nach Peterhof und Oranienbaum führte. Peterhof, das russische Versailles, war bekanntlich der Sommersitz der Zarenfamilie, Schloß Michaelowskoe selbst ein weißes Haus im südlichen Stil, mit vielen Vorbauten, Terrassen und Türen, die den unmittelbaren Zutritt zum Park erlaubten.

Meine Mutter bewohnte stets ihre einstigen Mädchenzimmer, die in einem Flügel lagen: einen großen Salon, der durch mehrere Glastüren mit dem Garten verbunden war, und ein kleines Schlafzimmer. Neben ihr wohnte ihr jüngster Bruder, mein Onkel Sergej.

Unten lagen die Zimmer meiner Großeltern, weite und lange, aber sehr wohnliche Räume, ferner der Tanzsaal und der Eßsaal, der mit den Zimmern meiner Mutter durch einen Wintergartengang verbunden war. In diesem herrschte eine tropische Hitze, und ein starker Duft von Lilien schlug mir entgegen, wenn ich dort hindurchging. Im oberen Geschoß befanden sich eine Reihe schöner Räume, die von der Familie meines Onkels Georg, der die griechische Prinzessin Maria zur Frau hatte, und von meinem ältesten Onkel Nikolaus Michailowitsch, wenn er aus Petersburg herauskam, bewohnt wurden. Auch die Königin Olga von Griechenland, Gemahlin des Königs Georg I., die Mutter meiner Tante Georg, nahm dort häufig Wohnung.

Ich selbst wohnte mit meiner Erzieherin über den Zimmern meiner Mutter in Räumen, die mit dem übrigen Hause durch eine Art Dachüberhang verbunden waren. In meinem Schlafzimmer habe ich als junges Mädchen – es klingt seltsam – manche schlaflose Nacht verbracht. Denn die sogenannten »weißen Nächte«, die im Sommer in Rußland so unendlich stimmungsvoll sind, bildeten für mich, die ich als Backfisch abends schon um halb neun Uhr zu Bett gehen mußte, eine rechte Qual. Ich lag im hellen Zimmer hinter den weißen Gardinen noch lange wach und hörte dem Geschwirr der Schwalben zu, die mit langgezogenem Gezwitscher um das Haus jagten – selbst die Vögel fanden bei dem hellen Abendlicht keine rechte Ruhe! Einmal drang sogar eine Schwalbe in mein Zimmer. Es war kurz vor meiner Verlobung, und ich faßte es als besonderes Glückszeichen auf: Man sagt, wenn ein Vogel ins Zimmer kommt, bringt er bräutliches Glück oder Kindersegen. Noch heute erinnert mich Schwalbengezwitscher an jene Sommerabende in Michaelowskoe.

Ich habe bereits erwähnt, daß mein Großvater der jüngste Sohn Kaiser Nikolaus' I. und der Kaiserin Charlotte, der Tochter der Königin Luise, war. Er war von großer, achtunggebietender Gestalt, der alte Militär war in seinem Wesen nicht zu verkennen. Lange Jahre ist er Gouverneur des Kaukasus gewesen und hat 1877 die Stadt Kars erobert. Für mich, sein Enkelkind, war er alle die Jahre über der liebste und beste Großvater, den es überhaupt gehen kann. Meine Kindheit, meine schönsten Erinnerungen stehen unter dem Eindruck dieses gütigen Menschen, dieses wahrhaften Edelmannes: Güte und Hilfsbereitschaft, Ritterlichkeit und Zartheit waren seine vornehmsten Eigenschaften. Niemals habe ich ihn heftig werden sehen, niemals ein unfreundliches Wort von ihm gehört. Für die Majestät des Kaisers besaß er eine unbedingte Verehrung; nie kam ein Wort der Kritik an seiner Person über seine Lippen, nie hätte er in seiner Gegenwart derartiges geduldet. Aufgewachsen war mein Großvater in der Tradition der herzlichsten Freundschaft zu dem Preußischen Königshause, ein begeisterter Verehrer seines Vetters, Kaiser Wilhelms I., ein Bewunderer des Preußischen Heeres. Bis in seine letzten, durch Schlaganfall und Lähmung getrübten Jahre wußte er noch immer in der Preußischen Armee Bescheid wie ein preußischer Militär, auch als ihm das Gedächtnis für die Geschehnisse der Gegenwart schon geschwunden und die Sprache ihm schwer geworden war. Im allgemeinen war damals überhaupt die Freundschaft mit Deutschland noch eine heilige Tradition, von Deutschland und seinem Kaiser sprach man nur voller Bewunderung. Über England hörte man mehr als ein Wort bitterer Kritik, und die politische Freundschaft des Kaiserlichen Rußlands mit der Französischen Republik wurde bei Hofe damals noch als etwas Unnatürliches empfunden.

Meiner Großmutter, nach der ich genannt worden bin, erinnere ich mich leider nicht mehr, da sie bereits 1891 gestorben ist, als ich erst vier Jahre alt war.

Die Umgebung meines Großvaters bestand aus dem Hofmarschall, General Baranow, einem Balten, mit dessen anmutiger und fröhlicher Tochter Olga ich mich sehr befreundete, sowie seinen sechs Adjutanten, die abwechselnd Dienst taten. Es waren dies zunächst der alte General Tolstoj, ein kleines Männchen, sehr lebhaft und sehr liebenswürdig, sowie der ebenso alte General Winspeare, schottischer Abkunft, doch Italiener von Geburt; er hatte bei Gaeta im Dienste des Königs von Neapel gekämpft und später meinen Großvater in die türkischen Feldzüge begleitet. Von den jüngeren Herren sind zu nennen: Fürst Wiasemski, Graf Grabbe, der im Weltkriege den kaiserlichen Kosakenkonvoi befehligte und sich in der Begleitung Kaiser Nikolaus' II. befand, als er im Hofzug zur Abdankung bewogen wurde, schließlich Kapitän Drake und Fürst Chirinsky. Nicht zuletzt gehörte zu diesem Kreise auch der Leibarzt und intime Freund der Familie, Dr. Zander, der deutsch wie ein Deutscher sprach.

Das schönste Treueverhältnis bestand zwischen meinem Großvater und seinen Adjutanten, die durchweg seit langem bei ihm waren, Graf Tolstoj seit 35 Jahren. Er durfte ihnen und sie durften ihm alles ungeschminkt sagen, er duzte sie auch. Es war ein Kreis voller Treue, Liebe und Verehrung, in den ich eintrat.

Denn ich gehörte ebenso zu diesem Kreise wie zu meinem Großvater. Die Herren seiner Umgebung sind mir von frühester Kindheit an mit der herzlichsten Freundlichkeit entgegengekommen, ja, ich kann sagen, daß sie alle im Verein mit meinem Großvater und meinen Onkels mich geradezu verwöhnt haben. Jeder las mir die Wünsche von den Lippen ab, alle wetteiferten, mir die Sommerwochen in Rußland so angenehm wie möglich zu gestalten, vor allem Dr. Zander, der sich meiner besonders fürsorglich und liebevoll annahm.

Dr. Zander war es auch, der fast nie bei einer Besichtigungsfahrt nach Petersburg oder in die Schlösser fehlte, der alles mit Umsicht einrichtete und mir zeigen ließ, was nur geschichtlich interessant und wichtig war. Auf diese Weise habe ich während meiner Sommeraufenthalte in Rußland viel des Sehenswerten von Petersburg und seiner Umgebung gesehen. Leider bin ich nie in Moskau gewesen, denn ein wirkliches Bild von Rußland kann man sich erst machen, wenn man »Mütterchen Moskau«, das Herz von Rußland, kennt. Es gab aber auch so des Interessanten und Anregenden genug, und ich will versuchen, meine Eindrücke zu schildern, wie ich sie als Kind und werdender Mensch in voller Unbefangenheit empfangen habe, ohne die Kritik des Erwachsenen, ganz im Rahmen einer herrlichen Ferienzeit, die vergoldet war von der Liebe und Güte meiner Verwandten.

Mein Tageslauf in Michaelowskoe begann damit, daß ich meinem Großvater bei seinem Frühstück Gesellschaft leistete, das er auf einer der vielen von Bäumen umstandenen Terrassen oder im Erker seines behaglichen Schreibzimmers einzunehmen pflegte. Beide Seiten des Schreibzimmers boten die Aussicht auf den Finnischen Meerbusen, und man konnte oft Dampfer und Segelschiffe vorbeifahren sehen, die von oder nach St. Petersburg fuhren.

Unser lieber Freund Dr. Zander pflegte uns bei dem Frühstück Gesellschaft zu leisten; unter anderem mußte er meinem Großvater aus dem »Rußki Invalid«, dem russischen Militär-Wochenblatt, vorlesen. Aber erst als ich im Laufe der Jahre in der Kenntnis der russischen Sprache Fortschritte machte, konnte ich verstehen, um was es sich handelte. Späterhin mußte ich auch während des

Frühstücks das Tagesmenü, das natürlich auf russisch abgefaßt wurde, meinem Großvater vorlesen. Ich nahm bei einer russischen Lehrerin Sprachunterricht, so daß ich allmählich in die Geheimnisse der unendlich schweren, aber schönen Sprache eindrang. Da alles um mich her russisch sprach, gewöhnte sich das Ohr leicht an die Laute, ein Umstand, der bei Erlernung einer Sprache sehr wesentlich ist. Leider habe ich es nur soweit gebracht, um eine leichte Unterhaltung führen zu können, für das Sprechen darüber hinaus fehlte es mir an Ausdrucksfähigkeit, wenn ich auch fast alles verstehen konnte. Meine große Vorliebe für die musikalische russische Sprache, die beim Gesang an das Italienische anklingt, habe ich mir bewahrt und bedaure nur, daß ich nach meiner Verheiratung nicht mehr zu ihrem weiteren Studium gekommen bin.

Nach dem ersten Beisammensein mit meinem Großvater ging ich zu meiner Mutter, um ihr Guten Morgen zu wünschen, und dann, wenn ich nicht Unterricht hatte, besuchte ich gern meine Tante, die Großfürstin Georg, mit ihren niedlichen Töchterchen, oder die Königin Olga von Griechenland, wenn sie in Michaelowskoe anwesend war.

Königin Olga, Tochter des Admirals Großfürst Konstantin, eines Bruders meines Großvaters, war eine fast überirdisch wirkende Frau: immer gütig, immer hilfsbereit, von großer Frömmigkeit, so schritt sie durchs Leben. Dabei besaß sie viel Sinn für Humor, konnte sehr fröhlich sein und herzlich Lachen. Die russischen Matrosen auf den Schiffen, die Athen besuchten, verehrten die Königin buchstäblich wie eine Heilige; half sie doch den Leuten in jeder Lebenslage! Mit meiner Mutter, mit der sie die große Vorliebe für die russische Marine teilte, war Tante Olga innig befreundet, ich selbst habe sie geliebt wie eine zweite Mutter.

Tante Olga habe ich zum letzten Male in Potsdam im Frühjahr 1918 wiedergesehen; sie war mit einem deutschen Militärzug aus St. Petersburg gekommen, wo sie den Anfang der Revolution miterlebt hatte. Als Königin eines verbündeten Landes hätte sie Rußland bereits früher verlassen können, doch hatte sie ihre Verwandten nicht im Stich lassen wollen. Ein ähnliches Beispiel der Treue zum Heimatlande und zur Familie bot 1918 die Königin Viktoria von Schweden, als sie in Karlsruhe von der Revolution überrascht wurde und ein halbes Jahr bei ihrer Mutter, der Großherzogin Luise von Baden, ausharrte, obwohl keiner ihr die Rückkehr nach Schweden hätte verwehren können.

Weilte die Königin Olga bei uns, so war sie meist von ihrem jüngsten Sohn Christophoros, Christo genannt, begleitet. Er war der erklärte Liebling seiner Mutter, ohne aber im geringsten die Anzeichen des Verzugs an sich zu haben. Zwei Jahre jünger als ich, wurde er mein treuer Freund und Kamerad. Mit ihm spielte ich im Haus oder im Park, mit ihm machten wir Ausflüge und Besichtigungen, mit ihm zusammen erlebte ich all das Interessante einer militärischen Schau oder einer Schiffsbesichtigung, und er half mir, da er des Russischen wie alle Kinder der Königin Olga von klein auf mächtig war, oft aus einer Sprachverlegenheit. Kurzum, es war eine Jugendfreundschaft, wie man sie sich schöner und herzlicher nicht denken kann.

Die Mutter der Königin Olga, Großfürstin Alexandra Josephowna, geborene Prinzeß von Altenburg, eine

Schwester der Königin Marie von Hannover, lebte im Sommer in dem großen gotischen Lustschloß von Strelna, das einen wundervollen, in holländischem Stil angelegten Park mit Inseln, Kanälen und Badehäuschen hatte. In der Familie wurde die Großfürstin Tante Sanny genannt. Sie war noch im hohen Alter wunderschön, von gerader Haltung, mit schneeweißem Haar und einer prachtvollen Figur. Sie gehörte zu jenem rassigen, straffen Menschentypus, der heute so gut wie ausgestorben ist: sehr verehrungswürdig, aber keineswegs unnahbar, anziehend und edel im Wesen, von großer Herzensliebenswürdigkeit, von vornehmer Zurückhaltung.

In Strelna lebte auch ihr Sohn Großfürst Konstantin Konstantinowitsch: General, Dichter, Übersetzer, Präsident der Kaiserlichen Akademie der Wissenschaften; er hat auch als erster den Hamlet ins Russische übersetzt. Er neckte mich gern und hatte ob meiner aufgeschossenen Körperlänge den Namen »Spargelgespenst« für mich erfunden, den ich meine ganze Kindheit über nicht wieder losgeworden bin. Dafür nannte ich seine liebe Frau, die Tante Beth – Jelissaweta Mawrikiewna geb. Prinzessin Elisabeth von Sachsen-Altenburg –, die »Urtante«. Auch mit dieser Familie unterhielten wir herzliche verwandtschaftliche Beziehungen. Von den Söhnen, die gleich dem Vater hoch aufgeschossen waren, ist der dritte, Konstantin, im Kriege als Kavallerist gefallen. Der älteste, Johann, und zwei jüngere Brüder sind Opfer der Bolschewisten geworden; sie haben einen grausamen Tod in dem Bergwerksschacht von Alapajew gefunden, in den sie hineingestoßen wurden. Mit ihnen ist mein jüngster Onkel Sergej gemordet worden; wie uns erzählt wurde, hat eine Kugel seinem Leben auf dem Transport vom Gefängnis zu dem Platz der Hinrichtung ein Ende gemacht und ihn vor dem ihm zugedachten entsetzlichen Tode bewahrt.

Von meinem Onkel Nikolai habe ich bereits gesprochen und seiner Güte und Liebe für mich dankbar gedacht. Aber auch die andern Onkels, die Großfürsten Michael, Georg, Alexander und Sergej, sind stets so lieb und gut zu mir gewesen, daß die Erinnerung an sie in mir nie verlöschen wird. Ihre einzige Schwester, meine Mutter, trugen sie auf Händen, gegen ihren Vater waren sie von vorbildlicher Hochachtung und Ehrfurcht. Dabei sagten sie auch vor ihm ihre Meinung frei heraus, selbst wenn sie wußten, daß sie seine Zustimmung nicht fanden. Es war ein natürliches und vertrauensvolles, echt patriarchalisches Verhältnis zwischen Vater und Kindern und zwischen den Kindern untereinander. Wie erschütternd war es daher für meine Mutter, drei geliebte Brüder innerhalb eines Jahres durch die russische Revolution verlieren zu müssen! Sie hat diesen Schmerz wohl auch kaum mehr verwunden.

Ich bin dankbar, daß ich in meiner Jugend in reichem Maße erfahren durfte, wie schön es ist, wenn Liebe und Harmonie in einem großen Familienkreise herrschen.

Ich muß noch einer befreundeten Familie gedenken, mit der zusammenzukommen stets eine große Freude für mich war. Das waren die Prinzessin Helene von Sachsen-Altenburg und ihre beiden Stieftöchter Olga und Maria. Tante Helenes Mutter war die hochgebildete und kluge Großfürstin Katharina, ihr Vater Herzog Georg von Mecklenburg-Strelitz gewesen, der in russische Dienste getreten war und mit seiner Familie ausschließlich in Rußland gelebt hatte. Auch ihre Brüder, die Herzöge

Georg Alexander und Karl Michael waren russische Untertanen und fühlten sich trotz ihres evangelischen Glaubens ganz als Russen.

Tante Helene hatte die Begabung ihrer Mutter in hohem Maße geerbt, sie war vor allem sehr musikalisch, sang wunderschön und war gewohnt, mit gelehrten und geistig hochstehenden Menschen zu verkehren. Meine Mutter war mit ihr befreundet und freute sich, daß auch wir Töchter uns zu einander hingezogen fühlten. Unsere Freundschaft hat bis auf den heutigen Tag gehalten.

Prinzessin Helene hatte von ihrer Mutter ein Palais auf den Inseln bei St. Petersburg geerbt, wo sie im Winter lebte, und in Oranienbaum das entzückende »Chinesische Haus«, das sie im Sommer bewohnte. Dieses von Katharina II. erbaute Palais steht, was Stilreinheit und Kostbarkeit des Materials betrifft, wohl einzig in seiner Art da und bildet ein wahres Schmuckkästchen. Dorthin fuhren wir jeden Sommer ein- bis zweimal, da Oranienbaum von Michaelowskoe kaum 15 Werst entfernt war. Wir machten herrliche Ausflüge in den dortigen großen, nach holländischem Geschmack angelegten Park, von wo aus man Kronstadt mit seinen Forts und den vielen Schiffsmasten der Flotte deutlich liegen sah, spielten allerlei Spiele, tollten mit den Hunden, fuhren auf der Rundlaufschaukel, die auch noch von altersher stammte, und verbrachten schöne Stunden zusammen.

Von Michaelowskoe haben wir nachmittags oft Spazierfahrten nach dem wundervollen »Großen Palais« von Peterhof gemacht; es ist ein großes Schloß im Barockstil, mit prachtvollen Gemächern. Hier hatte meine Mutter das Licht der Welt erblickt, und ich werde nie den Augenblick vergessen, wie sie selbst mich in ihr Geburtszimmer führte. Das Schloß war der Mittelpunkt der berühmten Wasserspiele und Kaskaden wie auch von mancherlei neckischen Wasserscherzen, die wie in anderen Parks der Barockzeit auch hier den Besucher überraschten. Von besonderem Reiz fand ich eine hohe Wasserpyramide, die sich schneeweiß in die Luft aufbaute. In diese entzückenden Parkanlagen, die weithin das Palais umgaben, sind wir am häufigsten gefahren. Wir stiegen dann aus, um die reizenden kleinen kaiserlichen Gartenschlösser zu besichtigen; die verstreut zwischen Wald, Wiesen und Seen lagen; in früheren Zeiten waren sie zu Picknicks und kleinen Festen von der kaiserlichen Familie benutzt worden. Eins, Babigon genannt, lag in kahler Umgebung auf einem Hügel und bot einen weiten Blick ins Land; es war in den letzten Jahren Kaiser Nikolaus' I. in pompejanischem Stil gebaut und mit Fresken ausgemalt worden. Ein kleines Landhaus, »Monplaisir«, hatte Peter der Große im holländischen Stil erbaut und mit schönen Gemälden ausgestattet. Ein anderer Pavillon lag auf einer kleinen Insel, inmitten eines künstlichen Sees, und man mußte auf einer Miniaturfähre hinüber fahren. Noch andere Lustschlösser lagen verborgen unter Bäumen in den Parks. In Potsdam erinnern die sogenannten Römischen Bäder und vielleicht auch Charlottenhof an diese entzückenden kleinen Bauten, deren Entstehung zum Teil auf Katharina die Große zurückgeht.

Ich ließ bei ihrem Anblick meiner Phantasie freien Lauf und stellte mir in lebhaften Farben vor, wie einstmals dort die Mitglieder des Hofes Katharinas in Reifröcken und hohen aufgetürmten Perücken ihre Menuette tanzten oder in den hohen Spiegelsälen einem Flötenkonzert lauschten. Auch die Generation aus der Zeit Alexanders I. oder Kaiser Nikolaus' I. und der Kaiserin Charlotte vergegenwärtigte ich mir gern bei unseren fröhlichen Ausflügen und bei geselligem Beisammensein mit dem Hofe.

Einen Abend in jeder Woche konzertierte im Park von Peterhof die Kaiserliche Musikkapelle, nach der Farbe ihrer Uniform die »Roten« genannt, ein Orchester von ausgesuchten Künstlern, das ganz hervorragend spielte. Ab und zu erlöste mich meine Mutter von dem vorschriftsmäßigen frühen Schlafengehen und nahm mich mit zur Abendmusik nach Peterhof. Man fuhr im Schritt um den Musikpavillon herum oder auf nahen Wegen in Hörweite.

Ich weiß noch genau, daß mir damals eine Darbietung aus der Oper »Arlésienne« von Bizet besonders gut gefiel und ein entzückendes Menuett von Paderewski lange in mir nachklang. Ich kaufte beide Stücke im Klavierauszug, um sie zu Hause nachzuspielen und nachzugenießen. Zu meiner Freude spielte das Orchester auch Stücke aus den Wagnerschen Opern, und stets ein klassisches Stück, das es prachtvoll herausbrachte.

In früherer Zeit und noch in den ersten Jahren der Regierung Kaiser Nikolaus' II. waren diese Abendkonzerte ein besonderes gesellschaftliches Ereignis gewesen. Die Kaiserliche Familie hatte sich dahin meist in den langen »Linieken« begeben, wovon wir, wie erwähnt, in Schwerin auch ein Exemplar besaßen. Zu meiner Zeit gehörte dies längst der Vergangenheit an.

Nach Petersburg gelangten wir entweder mit der Eisenbahn von Strelna aus oder mit einem hübschen Dampfer, der für den Kaiserlichen Hof stets bereit lag, von Peterhof über die Kronstädter Bucht. Auf der Fahrt zur See sichtete man rechts das kahle russische, links das finnländische bewaldete Ufer, das an das Frische Haff bei Königsberg erinnert.

Bei unserer Ankunft stand ein Hofwagen bereit, und mir begannen unsere Rundfahrt durch die Stadt, die im ganzen keinen sehr anziehenden Eindruck auf mich gemacht hat. Bei aller Eigenartigkeit ist die Stadt kaum schön zu nennen. Einzig die Newa mit ihrem breiten Kai und den zahlreichen Palästen an ihrem Ufer bot einen großartigen Anblick, vor allem der Blick vom Winterpalais auf den spitzen Turm der Peter-Pauls-Kirche und auf die Admiralität mit der davorstehenden hohen Säule war wunderbar schön. Nun stand ich auf dem Schauplatz all der geschichtlichen Vorgänge, von denen ich soviel gehört und gelesen hatte, der glanzvollen Feiern und schaurigen Ereignisse! Wieviel hat sich nicht meine Phantasie damals und später mit den historischen Begebenheiten beschäftigt, die sich dort zum Wohle oder zum Wehe Rußlands abgespielt haben! Und wie in ihrer Geschichte, so barg auch in ihrem Wesen die Stadt die schroffsten Gegensätze in sich. Nirgends sah man üppigen Reichtum so nahe bei bitterster Armut wie hier: neben zahlreichen Equipagen Männer und Frauen in Lumpen, neben eleganten Offizieren und Beamten, die gleichfalls Uniform trugen, elende Gestalten. Sichtbar stießen hier westliche Zivilisation und asiatische Primitivität zusammen.

Auf dem Newsky-Prospekt besichtigten wir den eigenartigen Gosting-Dwor, einen großen, weißangestrichenen Kaufhof, über hundert Jahre alt, der in den Bogengängen zahlreiche, nicht gerade elegante Läden enthielt. In anderen Geschäften kauften wir die charakteristischen russischen Lackkästchen oder hübsche kleine Holzerzeugnisse. In den schönen Juwelierläden sahen wir die entzückendsten Emaillegegenstände, die am russischen Hofe und in der Verwandtschaft viel als Geschenke verwendet wurden.

An Sehenswürdigkeiten von Petersburg ist mir am stärksten das Winterpalais in Erinnerung geblieben, ein riesenhaftes, langgestrecktes Gebäude in weißen und roten Farben. Es war, als wollten die Menschen des grauen Nordens sich die Farbenfreudigkeit des Südens herbeizaubern.

Im Winterpalais waren die Gemächer der verschiedenen Herrschergenerationen im allgemeinen noch in ihrem ursprünglichen Zustand erhalten worden, so daß man sich ein recht genaues Bild von der Wohnart der einzelnen Kaiser und ihrer Gemahlinnen machen konnte. Mich interessierten am meisten die Räume meiner Urgroßmutter, der Kaiserin Alexandra Feodorowna (Charlotte von Preußen) und der Kaiserin Elisabeth, Gemahlin Alexanders I., von der ich durch meinen Onkel Nikolaus viel erfahren hatte. In dem Arbeitszimmer Alexanders II. sah ich das Feldbett, auf dem der Kaiser nach dem furchtbaren Attentat, durch das ihm beide Beine abgerissen wurden, verblutet war. Ich sah im Gemach der Kronjuwelen die prachtvollen Kroninsignien, vor allem die Byzantinische Kaiserkrone und das Zepter mit dem berühmten Diamanten Orlow, ich sah weiter die gespensterhaft anmutende Wachsstatue Peters des Großen und zahlreiche Gemälde, meist Schlachtenbilder, in unzähligen Sälen von riesigen Ausmaßen. An die Kunstschätze der berühmten Eremitage habe ich jedoch kaum noch eine Erinnerung, ich hatte als Kind am meisten Sinn für die vielen Andenken historischer und familiärer Art an meine Vorfahren.

Das Palais meines Großvaters habe ich leider auch nur bei diesen kurzen Besuchen kennengelernt und niemals darin gewohnt. Ich erinnere mich besonders der Zimmer meines Onkels Nikolaus, da sie voll von historisch interessanten Gegenständen waren. Meine größte Bewunderung erregte ein reizendes Bild der Kaiserin Elisabeth. Ich habe nach der Revolution oft daran denken müssen, wo dieses Bild sich wohl jetzt befinden mag.

Ein wunderhübsches kleines Palais mit einem größeren Garten an der Newa bewohnte der schon genannte Großfürst Alexei; dorthin lud er öfter meine Mutter und mich zum Frühstück ein. Vor dem Tor stand ein Doppelposten von den Matrosen der Garde-Equipage, einer Elitetruppe, deren Chef die Kaiserin-Mutter Maria Feodorowna war; als besondere Auszeichnung trug sie unter dem Mützenband das St. Georgsband, das Band des höchsten russischen Kriegsordens. Sie wurde, Offiziere wie Mannschaften, von der Kaiserlichen Familie stets vorgezogen und sehr verwöhnt. Im Jahre 1917 hatte eine Kompagnie der Garde-Equipage bei der Kaiserin in Zarskoje Sselo Wache – und ging kurz nach der Ausrufung der Revolution zu den Roten über! Es war dies eine der ersten und bittersten Enttäuschungen, die der Kaiser und seine Familie in den Schreckenstagen erleben mußten.

Im Palais des Großfürsten Alexei bin ich zuletzt im Jahre 1911 gewesen, als die Deutsche Botschaft umgebaut wurde und für sie das Palais während des Umbaues gemietet war. Graf und Gräfin Pourtalès gaben damals dem Kronprinzen und mir ein Diner mit anschließendem Empfang. Es war mir recht eigen zumute, dieses Haus nach so langen Jahren und unter sehr veränderten Umständen wieder zu betreten.

Es würde aber zu weit führen, wenn ich alles aufzählen wollte, was ich an Schlössern, Denkmälern, Parks und sonstigen Sehenswürdigkeiten besichtigt habe. Genug, daß ich jedesmal voll stärkster Eindrücke von den Zeugen einer großen und mit mir eng verbundenen Vergangenheit aus St. Petersburg nach Michaelowskoe zurückkehrte.

Wie sorglos waren wir damals alle, wie waren wir alle voll jugendlichen Frohsinns! Wir hatten gemeinsam Tanzstunden, die von Haus zu Haus wechselten; einmal fanden sie in Strelna statt, dann in Snamenskaja und ein drittes Mal bei uns in Michaelowskoe. Unser Tanzlehrer war ein Meister vom Kaiserlich-Russischen Ballett, der einen langen Backenbart trug und trotz seines vorgerückten Alters noch überaus graziös war. Er erklärte alles auf französisch und machte uns die nötigen »Pas« vor, die wir mit mehr oder minder vollendeter Grazie nachmachten. Außer der Mazurka waren damals die Chaconne und die Polkamazurka in Rußland bevorzugt.

Und im hübschen Tanzsaal von Michaelowskoe war es, wo ich meinen ersten Ball mitmachte! Die Vorfreude war groß, nicht geringer die innere Aufregung über dieses Ereignis in meinem Jungmädchenleben.

Viele von unseren Verwandten und eine Reihe junger Leute der Hofgesellschaft, sowie einige der uns bekannten Offiziere von der »Swjetlana« nahmen an dem kleinen Feste teil. Dank den Tanzstunden war ich gewandt in den verschiedenen Tänzen, die damals Mode waren, und so hatte ich das Glück, viele Tänzer zu finden.

Den Höhepunkt des Festes bildete die Mazurka, die als eine Art Kotillontanz den Schluß machte. Sie wurde vorgetanzt von einem Offizier der Kaiserin-Ulanen aus

Peterhof, der großen Schwung hineinbrachte. Die Damen tanzten und bewegten sich im Mazurka-Schritt an der Hand ihres Herrn fort; dieser mußte mit Sporengeklirr und Hackenschlag besondere Schritte vollführen, und das gab dem Tanz, der in einem ungeheuer schnellen Tempo durch den Saal wirbelte, den eigenartigen Rhythmus. In der Mazurka kommt das slavische Temperament ebenso wie das musikalische und rhythmische Gefühl des Russen am stärksten zum Ausdruck, und ich habe immer bedauert, daß dies das einzige Mal war, wo ich eine echte Mazurka mitgetanzt habe.

Der Ball war sehr gelungen, mein guter Kamerad Christo und ich, die wir in den Pausen uns am aufgestellten Büffett gütlich taten, amüsierten uns herrlich, und noch lange hinterher haben wir uns mit Freuden des schönen Abends erinnert. Der liebe Großvater, gütig und sich mitfreuend an meiner Freude, die ich gewiß nicht verbergen konnte, sah dabei zu und unterhielt sich in seiner vornehmen freundlichen Art mit den Gästen.

VIII.
Am Zarenhofe

Die Kaiserliche Familie lebte schon zu meiner Zeit so gut wie völlig zurückgezogen. Bereits damals lag merklich ein schwerer Druck auf dem kaiserlichen Hof; es war, als ob man immer auf etwas Schreckliches wartete. Seit der grauenhaften Ermordung Kaiser Alexanders II., seit dem Eisenbahnattentat auf Kaiser Alexander III. war man jeden Augenblick auf eine Katastrophe gefaßt, jeden Augenblick eines Attentats gewärtig. In kleinen Häusern, in engen Räumen unter starker Bewachung zu leben, schien noch eine gewisse Sicherheit zu bieten. Aber es war ein Leben, fast wie im Gefängnis.

Mir wollte das Dasein dieser lieben Menschen kaum lebenswert erscheinen, und ich dachte oft, ob es nicht besser wäre, sich freier unter dem Volk zu bewegen und mehr sich auszusetzen, als ein solches Leben hinter Mauern und Soldatenkordons zu verbringen. Es ist doch wohl viel Wahres daran, daß die Furcht vor einer dunklen Gefahr diese nur steigert, daß aber Furchtlosigkeit und Zuversicht Gefahren überwinden, ja beseitigen können. Die Tragödie des russischen Kaiserhauses hat mir dieses Naturgesetz nur bestätigt.

Allerdings hat man es in Rußland wohl mit Kräften zu tun, die mit dem seelischen Untergrund des Volkes und mit seiner geschichtlichen Entwicklung so fest verwachsen und dadurch so machtvoll sind, daß sie ein einzelner kaum bewältigen kann. Immerhin haben Herrscher wie Alexander I. und Nikolaus I. die dunklen Mächte gemeistert, und es ist ihnen nichts geschehen. Eine sieghafte Persönlichkeit wird sich auch stets durchzusetzen verstehen.

Ich hatte Gelegenheit, das Kaiserpaar nicht nur bei offiziellen Feiern, sondern auch im intimen Kreise kennen zu lernen. Dies geschah am besten bei den Besuchen, zu denen meine Mutter uns alsbald nach unserer Ankunft anmelden ließ. Der Besuch verschob sich manchmal um einige Tage, denn die Kaiserin Alexandra Feodorowna, die damals allgemein zum Unterschied von der Kaiserin-Mutter »die junge Kaiserin« genannt wurde, war oft leidend. Wir wurden dann meist zu einem Familienfrühstück im kleinsten Kreise eingeladen. Die Majestäten bewohnten keines der herrlichen Schlösser von Peterhof, sondern hatten sich im Park von Alexandria eine kleine, ziemlich nüchterne Villa am Meer gebaut. Alles war miniaturhaft, aber das war diesen beiden Menschen, die die Einfachheit liebten und die am liebsten nur sich und ihren Kindern gelebt hätten, gerade recht.

Kaiser Nikolaus war ein ungemein liebenswürdiger Wirt. Er hatte etwas außerordentlich freundliches im Ausdruck und in der Art sich zu geben; seine strahlenden, gütigen Augen wirkten geradezu faszinierend. Er sah den Menschen, mit dem er sprach, immer groß und forschend, dabei aber mild und gütig an. Er machte den Eindruck eines edlen und lauteren Menschen, so wie ich auch überzeugt bin, daß er nur das Gute gewollt hat. Aber sein Wille war wohl nicht stark genug, und es war ein Verhängnis, daß dieser Mann gerade zu dieser Zeit auf dem russischen Thron saß. Sein Vater wäre wohl noch eher mit den ungeheuren Problemen, die um die Jahrhundertwende in Rußland der Lösung harrten, fertig geworden.

Die Kaiserin war eine sehr schöne Erscheinung. Ihre regelmäßigen Züge mit den feingeschwungenen, ein wenig nach unten gebogenen Mundwinkeln verliehen ihrem Gesicht etwas Schwermütiges, Fatalistisches – ein Eindruck, dem ich mich schon damals nicht entziehen konnte. Sie war ebenfalls sehr liebenswürdig, aber sehr zurückhaltend und litt unter einer krankhaften Verlegenheit. Sollte ihr ein Fremder vorgestellt werden, so wurde sie dunkelrot und fand kaum Worte für den vor ihr Stehenden. Sie ist auch in Rußland niemals populär gewesen, unter der stärkeren Beliebtheit der Kaiserin-Mutter hatte sie sehr zu leiden. Im Familienkreise konnte die Kaiserin dagegen sehr fröhlich sein. Sie war eine zärtliche Mutter, eine vorbildliche Gattin. Die Ehe dieser beiden glücklich-unglücklichen Menschen bildete eine einzige Seelenharmonie, und dieses grenzenlose Eheglück erscheint mir als ein versöhnendes Moment in den bitteren Leiden, die sie haben auf sich nehmen müssen.

Die kleinen Töchter waren allerliebste Kinder. Manchmal traf man sie bei einer Ausfahrt in einem der schönen Parks. Sie fuhren mit ihren Bonnen in einem Landauer, süße Geschöpfe mit langem, blondem Haar, die vergnügt aus ihren blauen Augen schauten.

Unsere Besuche wurden von den Majestäten in Michaelowskoe erwidert, und es entstand natürlich immer eine beträchtliche Aufregung im Hause, wenn es hieß: der »Gossudar« (Herrscher) sei vorgefahren. Kamen beide Majestäten, so benutzten sie eine Viktoria, die von herrlichen Orlofftrabern gezogen und von einem besonders dick ausgestopften Kutscher (je dicker, um so vornehmer!) gelenkt wurde. Kam der Kaiser allein, so fuhr er in einem ganz einfachen Gefährt, Einspänner, »Droschke« genannt.

Die Kutscher trugen die russische Tracht, d.h. einen dunkelgrünen Kaftan mit einer bunten Borde am Hals und besticktem Gürtel, unter dem der Rock in viele wattierte Falten gelegt war, auf dem Kopf einen breiten lackierten Hut mit einer daran befestigten schwarzen Perücke. Die Arme hielten sie ganz gerade vorgestreckt und die Zügel je in einer Hand. Es sah aber famos aus und gefiel mir ganz ausgezeichnet. Die Kutscher und Lakaien der Hofstaaten fuhren in betreßten Livreen und dreispitzigen Hüten.

Der Kaiser war immer nur von einem, allerdings ausgesucht sicheren Kosaken zu Pferde begleitet, auch beim Reiten hatte er nie ein größeres Gefolge bei sich. An allen Wegkreuzungen standen aber Männer, die trotz ihrer Zivilkleidung unschwer als Kriminalbeamte zu erkennen waren und die den Weg auf das genaueste überwachten. Um den Park von Alexandria standen Soldaten in solchen Abständen, daß sie sich gegenseitig sehen konnten, ebenso zu seiten sämtlicher Bahnstrecken, die vom kaiserlichen Zug befahren wurden.

Die Kaiserin-Mutter Maria Feodorowna wohnte in der sogenannten Cottage der Alexandria, deren Park östlich an den großen Park von Peterhof grenzte. Es war ein behagliches Haus, das einst Kaiserin Alexandra Feodorowna (Charlotte von Preußen) von ihrem kaiserlichen Gemahl als Geschenk erhalten hatte und das ihr Lieblingssitz gewesen war. Die Räume waren nicht hoch und in ihrer altmodischen Einrichtung anheimelnd. Überall in den

Ecken und hinter den Sofas standen grüne Blattpflanzen, auf dem Tisch eine Menge Nippes, die mich an die Zimmer meiner Urgroßmutter Alexandrine erinnerten – kein Wunder, da die einstige Besitzerin deren Schwester gewesen war! Eine steile eiserne Treppe führte in das obere Geschoß, wo sich das hübsche Boudoir der Kaiserin-Mutter befand, das einzige moderne Zimmer; es war lang und schmal, aber sehr gemütlich. Die Wände waren mit karelischer Birke paneeliert, die tiefen Sofas und Sessel mit blumigem Kretonne überzogen. Aquarelle hingen an den Wänden, unzählige Familienbilder standen umher, auf kleinen Tischen lagen kostbare Klingelknöpfe, Aschenbecher und andere geschmackvolle russische Erzeugnisse, die damals in Mode waren.

Die Besuche bei der Kaiserin Maria Feodorowna, die in der Familie allgemein »Tante Minny« genannt wurde, machte ich stets sehr gern, denn die Kaiserin-Mutter besaß einen großen Charme, in ihren Bewegungen, ihrer tiefen, wenn auch etwas rauhen Stimme und vor allem in ihren wunderschönen ausdrucksvollen Augen. Sie war sehr klein, aber ihre Haltung, ihre vornehme starke Persönlichkeit und die Klugheit, die aus ihrem Antlitz strahlte, machten sie zu einer vollendeten Fürstinnengestalt. Wo sie hinkam, eroberte sie die Herzen der Menschen durch ihr gewinnendes Lächeln. Ihre Art, aus dem Wagen zu grüßen, war in ihrer Grazie entzückend. Sie war in Rußland außerordentlich beliebt, alle hatten Vertrauen zu ihr. Überall war sie der Mittelpunkt, in der Familie wie in der Hofgesellschaft, und sie stand bezeichnenderweise denen am nächsten, die Gesinnung und Edelmut am höchsten schätzten. Ihren vielen wohltätigen Anstalten war sie eine treusorgende Protektorin, ihrem Volke eine wahre Mutter. Von ihren politischen Anschauungen vermag ich nichts zu sagen, ich enthalte mich daher auch jedes Urteils in dieser Beziehung. Gegen mich war sie immer gleich freundlich und gütig, und ich habe sie stets hoch verehrt und bewundert.

In schöner Erinnerung sind mir die kleinen Familienfeste geblieben, die wir bei der Kaiserin-Mutter in Alexandria begingen, wie z. B. ihre Namenstage. Nach einem Tedeum, das in der kleinen Kapelle zelebriert wurde, fand man sich im Garten zu einem fröhlichen Mahl zusammen; die Jugend blieb unter sich und freute sich bei Spielen und Unterhaltungen des Tages. Auch manchen frohen Abend haben wir in jenen Sommern mit ihren hellen Nächten bei Tante Minny im Kreise von Verwandten zugebracht. Zu diesen gehörte auch Großfürst Michael, ihr jüngster Sohn, der von Gatschina, wo er Dienst tat, herüberkam und zur allgemeinen Fröhlichkeit beitrug.

Die Töchter der Kaiserin-Mutter, Xenia und Olga, waren sehr liebe Verwandte, mit denen wir häufig bei ihr zusammentrafen. Großfürstin Xenia hatte meinen Onkel Alexander geheiratet und lebte mit ihm und ihren sieben niedlichen Kindern in der »Ferme«, einem Häuschen unweit der »Alexandria« der Kaiserin-Mutter, das einstmals der Lieblingsaufenthalt Kaiser Alexanders II. gewesen war. Eine von den Töchtern war die schöne Prinzessin Irina, die später den durch die Ermordung Rasputins bekannt gewordenen Fürsten Felix Jussupow geheiratet hat.

Wenn die Zeit irgend reichte, pflegten wir noch einige Höflichkeitsbesuche bei Großfürstinnen und Tanten zu machen. Meine Mutter gab viel auf höfliche Formen, besonders gegenüber älteren Menschen; ich meinerseits bin immer bestrebt gewesen, sie beizubehalten, auch wenn es manchmal unbequem ist und vielleicht nicht mehr in die Zeit zu passen scheint, in der wir leben.

Als einer unvergeßlichen Erscheinung erinnere ich mich der Schwester der Zarin, der Gemahlin des Großfürsten Sergius: Jelissaweta Feodorowna, geborene Prinzessin Elisabeth von Hessen-Darmstadt. Es war bei der Taufe des Thronfolgers, der ich beiwohnte. Wie gewöhnlich wurde mir nach einiger Zeit anhaltenden Stehens in der Kirche etwas schwach, und einer meiner lieben Onkels führte mich in ein Nebengemach, wo ich mich hinsetzen und mich etwas erholen konnte. Als wir wieder in die Kapelle zurückkehren wollten, trat uns die Großfürstin in russischer Tracht, mit herrlichem Smaragdschmuck angetan, entgegen. Sie erschien mir in ihrer strahlenden Schönheit, in ihrer Tracht und in dem Rahmen, der sie in jenem Augenblick umgab, wie ein Ikon, ein lebendig gewordenes altes byzantinisches Heiligenbild!

Wie oft hat dieses Bild mir vor Augen gestanden, wie lebhaft trat es mir wieder in Erinnerung, als die Nachricht von ihrem Märtyrertod im Schacht des Bergwerks von Alapajew kam!

Damals, als ich sie sah, war die Großfürstin noch nicht Witwe. Ein Jahr später wurde ihr Gemahl, Großfürst Sergius, vor dem Kreml in Moskau von der Bombe eines Anarchisten zerrissen. Als die Großfürstin nach der furchtbaren Detonation aus dem Kreml stürzte, fand sich nur noch die zerrissene Leiche ihres Gemahls. Sie bestand darauf, den Mörder in seiner Gefängniszelle aufzusuchen, um ihn zu fragen, weshalb er ihr Lebensglück zerstört hätte und um durch religiösen Zuspruch seine Seele zu retten. Dieser aber, obwohl von der erhabenen

Erscheinung der Witwe seines Opfers bewegt, ließ sich durch nichts in seinen anarchistischen Prinzipien beirren, und die aufsehenerregende Unterredung verlief ohne sichtbaren Erfolg.

Die Großfürstin widmete seit diesem grausigen Ereignis ihr Leben ausschließlich charitativen Zielen. Sie gründete das Martha-Marien-Kloster der barmherzigen Schwestern in Moskau, wurde dessen Äbtissin und legte auch Tracht an, ohne jedoch Nonne zu werden. In ihren religiösen Anschauungen hing sie dem Mystischen an wie die Kaiserin. In politischen Dingen sah sie jedoch wohl erheblich klarer als ihre Schwester, und man sagt, die Großfürstin habe warnend ihre Stimme erhoben, als die Ereignisse sich während des Weltkrieges immer mehr zuungunsten der Monarchie wendeten.

Daß die Bolschewisten sich auch am Leben dieser frommen und wohltätigen Frau vergriffen haben, muß jeden mit Abscheu er füllen. Sie wurde mit einigen Verwandten in das Gefängnis von Alapajew geworfen; freiwillig begleitet von zweien ihrer Stiftsdamen. Ihren Bitten, sie zu verlassen und die Freiheit wieder zu erlangen, hat sich nur die eine gefügt; die andere ist mit ihrer Herrin in den Tod gegangen.

Ein frommer Mönch hat ihre Leiche und die ihrer Todesgefährtin unter vielen Mühen und Opfern durch ganz Sibirien transportiert und schließlich nach Jerusalem gebracht, wo sie nun in der Nähe der Grabeskirche ruhen. Gott der Herr allein weiß, weshalb Er seine Auserwählten den Kelch des Leidens bis zur Neige trinken läßt.

Aber fort von den Bildern des Schreckens, zurück zu meiner Jugendzeit, die noch den vollen Glanz am Hofe der Romanows gesehen hat!

Während der sieben Sommeraufenthalte, die ich hintereinander in Rußland verlebte, hatte ich Gelegenheit, mehrere große Hoffeste mitzumachen: die Hochzeit meiner Cousine, der Großfürstin Helene Wladimirowna mit Prinz Nikolaus von Griechenland, die Taufe einer der jüngsten Töchter des Kaiserpaares und schließlich die Taufe des kleinen Großfürst-Thronfolgers.

Die Hochzeit fand im Großen Palais von Zarskoe Selo statt, wohin wir am frühen Morgen in einer Troika fuhren. Sämtliche Großfürstinnen und ihre Damen erschienen in russischer Tracht mit dem Kokoschnik; dieser war ein ovaler; mit Seide überzogener und mit Brillanten oder Perlen besetzter Kopfputz, wenn er nicht, wie bei den Kaiserinnen, als Brillant-Diadem in der vorgeschriebenen Form erschien. Der Kokoschnik durfte nur von den russischen Großfürstinnen und den Damen des Hofes getragen werden. Die Kleider der Großfürstinnen waren sämtlich aus weißem Atlas, kaftanartig mit einer streng geschnittenen Schneppentaille, an der vorn ein Band mit Juwelenknöpfen angesetzt war, dazu kleine Puffärmel und eine farbige große Samtschleppe von der Taille ab. Jede Dame des Gefolges trug die Farbe ihrer Herrin. Die ausländischen Prinzessinnen erschienen in großer Toilette und Schleppe nach gewöhnlichem Muster sowie mit dem sogenannten Hofausschnitt, der die Schultern frei ließ, wie er auch in Berlin Vorschrift war.

Da ich noch nicht erwachsen war und somit noch nicht den strengen Vorschriften der Hofetikette unterstand, hatte meine Mutter mir ein russisches Phantasiekostüm machen lassen. Es bestand aus einem rosa Moiré-Kaftan im Schnitt der russischen Hoftracht, mit langen gerafften Chiffonärmeln. Die Vorderbahn war durchgeteilt mit dem üblichen Band, auf dem (unechte) Perlenknöpfe aufgenäht waren. Mein Haar war in zwei dicke Zöpfe geflochten, die von Perlenschnüren durchwunden waren, auf dem Kopf trug ich einen schmalen Kokoschnik. Naturgemäß kam ich mir ungemein interessant in dieser Aufmachung vor.

Im Großen Palais fand zunächst die sehr lange Trauungszeremonie statt, bei der von jungen Männern der Verwandtschaft, darunter auch von meinem Bruder, Kronen über den Häuptern des Brautpaares gehalten wurden. Vor dem Altar lag ein Läufer aus weißem Atlas. Es war ein alter Aberglaube, daß derjenige von den Brautleuten, dessen Fuß zuerst dieses Stück Seide, das den Lebensweg bedeuten soll, beträte, den Ton in der Ehe angeben, d. h. den »Pantoffel« schwingen würde.

Nach der Trauung schritt man durch die langen Korridore und Säle zwischen dem Spalier bildenden Hof zur Tafel; rechts und links standen die Herren und Damen der weitverzweigten Hofchargen und der Hofgesellschaft, die Herren in bunten Uniformen und blitzenden Orden, die Damen in großer Toilette und reichem Juwelenschmuck – ein prachtvolles farbiges Bild. Man nannte dies den »Wichod« (la Sortie), ich habe aber niemals den wahren Sinn dieser Bezeichnung erfahren können. Wahrscheinlich hieß es so seit den Zeiten Katharinas der Großen. Die Tafel dauerte ebenfalls unendlich lange. Nach ihrer Aufhebung begann die sogenannte Polonaise, das Gegenstück zu unserm Fackeltanz, nur ohne Verwendung von Fackeln. Die Paare wechselten ständig ihre Partner, indessen sie feierlich hintereinander herschritten, immer zwischen den sich verneigenden Hofleuten hindurch. Dazu spielten die verschiedenen Musikkapellen die schönen Polonaisen von Glinka und Tschaikowski.

An diesem Punkte ereilte mich aber das unerbittliche Schicksal: die Zeit der Heimkehr war für den Backfisch gekommen! In dieser Beziehung kannte meine Mutter kein Erbarmen. Hatte sie bestimmt, wie lange ich eine derartige Veranstaltung mitmachen durfte, so ließ sie sich durch keine noch so flehentliche Vorstellung davon abbringen, weder von mir noch von meinen guten Onkels, die sich kräftig für mein längeres Verbleiben einsetzten. Es war eine Festigkeit, die ich heute bewundere. Ich fürchte, ich wende sie nicht im entferntesten in gleichem Maße bei meinen Kindern an.

Ich mußte also schweren Herzens meinen Partner verlassen, wurde von einem Hofkavalier auf unsere Zimmer geleitet, fand dort meine Erzieherin bereits vor, zog das schöne Kostüm, in dem ich mich niemals wieder sehen sollte, wehmutsvoll aus, und schon saß ich in der Troika, die uns in fliegender Fahrt nach Michaelowskoe zurückführte. Die Fahrt war ein kleiner Ersatz für die entgangenen Genüsse, denn Troikafahren war damals schon eine Seltenheit, und die schnelle Fahrt mit den drei Pferden, von denen zwei seitlich galoppierten, während das mittlere im gleichmäßigen Trab blieb, war höchst eigenartig und interessant.

Die beiden Taufen, die im Palais in Peterhof gefeiert wurden, verliefen ähnlich wie die Hochzeit, nur ohne die nachfolgende Polonaise. Der Täufling wurde in einem mit sechs Schimmeln bespannten Galawagen von der kleinen Kaiser-Villa zum Großen Schloß Peterhof gefahren, eskortiert von zwei Schwadronen Garde-Kavallerie und gehalten von den Armen der stattlichen Hofmeisterin der

Kaiserin, Fürstin Galitzin, Ehrendame »mit dem Kaiserlichen Bildnis«. Im Palais wurde der Täufling »en grand cortège« nach der Kapelle getragen, um dann in langer Zeremonie durch die heilige Taufe in den Schoß der orthodoxen Kirche aufgenommen zu werden. Nach der kirchlichen Feier wieder Durchgehen durch die langen, rechts und links von Damen und Herren des Kaiserlichen Hofes flankierten Galerien, und dann wieder große Tafel.

Die Taufe des unglücklichen Thronfolgers fand in derselben Weise und ebenfalls in Peterhof statt, obwohl sie eigentlich in der Hauptstadt und mit unvergleichlich größerer Prachtentfaltung hätte begangen werden müssen. Aber die Gepflogenheit, St. Petersburg für große Feiern zu meiden, hatte sich bereits so eingebürgert, daß auch diesmal nicht mehr von ihr abgewichen wurde.

Eine sehr hübsche Erinnerung hat mir ein Besuch hinterlassen, den meine Mutter mit mir im Lager bei meinem Onkel Sergej gemacht hat. Es war Manöver, und die Truppen lagen in einem Dorfe einquartiert. Die Sänger der Batterie meines Onkels trugen russische Soldaten- und Volkslieder vor, die meist in melancholischem Moll gehalten waren und so recht der Seele des russischen Volkes Ausdruck gaben. Leiden, leiden, immer wieder leiden – das ist wohl das Los dieses gutmütigen, frommen Volkes. Bei Sonnenuntergang wurde Retraite geblasen und der Zapfenstreich mit dem Abendgebet gespielt.

Die schönsten militärischen Veranstaltungen, die ich mitgemacht habe, waren zwei Paraden im Lager von Krasnoe Selo, deren eine zu Ehren des Schahs von Persien abgehalten wurde.

Am Abend zuvor fuhren wir mit der ganzen Kaiserlichen Familie im Hofzug nach dem Lager, dann zog man, die Kaiserin mit uns und den Großfürstinnen in à la Daumont bespannten Wagen, der Kaiser mit den Großfürsten zu Pferde, feierlich durch die Lagergassen. Die Truppen – die Garde sowie Regimenter aus dem Innern Rußlands – bildeten Spalier und brachen beim Herannahen des Kaisers in immer wiederholtes langgezogenes »Urräh«-Rufen aus, das im Vergleich zu unserem knappen, militärischen »Hurra« etwas Wehmütiges, Klagendes hatte.

Auf einer Anhöhe außerhalb des Lagers war ein Zelt errichtet. Wir stiegen dort aus und hörten einem nun beginnenden Militärkonzert zu, während den Majestäten Vorstellungen gemacht, Regimentsberichte und Meldungen erstattet wurden. Das Bild, das die hier versammelte Gesellschaft bot, war ein sehr festliches: die Herren alle in ihren schönen Uniformen, die Damen in weiß oder ganz hell mit den damals modernen großen Federhüten und schönen Spitzenschirmen. Kurz vor Sonnenuntergang erfolgte der feierliche Zapfenstreich mit der Abendandacht, ähnlich wie ich es an Bord der Schiffe erlebt hatte.

Abends fand eine Vorstellung im kleinen Lagertheater statt, bei der das Kaiserliche Ballett auftrat oder eine Petersburger Schauspielertruppe spielte.

Am nächsten Morgen fuhren wir zur Parade hinaus auf das große Feld, wo die Truppen im Sommer exerzierten. Mit Ausnahme der beiden Kaiserinnen begaben wir Damen uns alle in ein Riesenzelt, von wo aus man den ganzen Platz übersehen konnte.

Die Regimenter standen bereits in Paradeaufstellung. Der Kaiser ritt zunächst die Front ab, neben sich den mit

Schimmeln bespannten Daumont-Wagen, in dem seine Mutter und seine Gemahlin Platz genommen hatten, unmittelbar hinter sich zwei Trompeter, dann folgte der große Zug der Großfürsten und Generäle vom Dienst; anschließend begaben sich die Kaiserinnen ebenfalls in unser Zelt. Vor ihnen hielt nun der Kaiser zu Pferde, nur die beiden Stabstrompeter hinter sich, und nahm den Vorbeimarsch der Truppen ab.

Der Anblick war überwältigend schön. Die herrlichen Kürassierregimenter machten den Anfang, es folgten die bunten Husaren, die leichten Ulanen, dann die unübersehbaren Reihen der Infanterie, Schützen, Jäger, Pioniere, Artillerie, zuletzt die Kosaken, die mit Mühe ihre schäumenden Pferde verhielten. Die Truppen waren feldmarschmäßig ausgerückt, mit Bluse und Mütze, da es Sommer war.

Der Kaiser gab persönlich das Zeichen für die Gangart der Kavallerie und Artillerie, und die beiden Trompeter übermittelten seine Befehle »Schritt!«, »Trab!«, »Galopp!« durch helle Trompetensignale.

Nach einem nochmaligen Vorbeimarsch in veränderter Formation war die Parade beendet, und der Kaiser trat zu uns ins Zelt. Leuchtender noch als sonst strahlten seine Augen, das Glücksgefühl, unter seinen Truppen zu weilen, schien übermächtig zu sein. Damals waren sie ihm noch treu und hingen begeistert an ihrem »Gossudar-Imperator«.

Auf mich haben diese Paraden einen unauslöschlichen Eindruck gemacht. Mit Rührung und Freude las ich nach dem Kriege die getreue und von hoher Begeisterung getragene Beschreibung von Kraßnow in seinem Buche »Vom Zarenadler zur Roten Fahne«.

IX.
Reisen mit meinem Grossvater

Als wir 1903 den Sommer in Michaelowskoe verbrachten, trat ein Ereignis ein, das meinem Leben eine ernste Wendung geben sollte: die schwere Erkrankung meines geliebten Großvaters. In der zweiten Hälfte des August sollten in St. Petersburg zwei Kriegsschiffe vom Stapel gelassen werden, und wir wollten mit der gesamten Kaiserlichen Familie an der Feier teilnehmen. Wir freuten uns alle sehr darauf, zumal ich, da ich noch nie einem Stapellauf beigewohnt hatte.

Am Vorabend dieses Ereignisses spielte mein Großvater wie gewöhnlich mit seinen Söhnen Billard. Als ich ihm Gute Nacht sagte, stand er in aufrechter Haltung wie immer mit seinem Queue in der Hand und umarmte mich liebevoll und gütig zur Nacht. Ich ging froh und erwartungsvoll schlafen, am nächsten Tage sollte früh aufgebrochen werden.

Am andern Morgen aber wurde ich mit der Schreckensnachricht geweckt, Großpapa hätte nachts einen Schlaganfall erlitten, die ganze rechte Seite sei gelähmt, auch die Sprache gestört und undeutlich.

Unsere Teilnahme am Stapellauf wurde sofort abgesagt, und in banger Sorge verbrachten wir den Tag. Wir atmeten auf, als der Zustand meines Großvaters sich nicht verschlimmerte und er nach einigen Tagen außer

Gefahr war, auch die Sprache wenigstens zum Teil langsam wieder erlangte. Immerhin war es für uns alle sehr hart, den geliebten Großvater gelähmt und an einen Stuhl gefesselt sehen zu müssen.

Alle Pläne wurden nun geändert. Wir blieben zunächst länger als sonst in Michaelowskoe, aber von der ursprünglichen Absicht meiner Mutter, mich in dem folgenden Winter in St. Petersburg auszuführen, konnte nicht mehr die Rede sein, da für meinen Großvater ein Aufenthalt im Süden angeordnet wurde. Daher mußte meine Mutter früher als sonst nach Cannes fahren, um alles vorzubereiten, und im Oktober folgte mein Großvater in einem Sonderzug nach.

Diese Herbstwochen in Michaelowskoe hatten aber auch, trotz aller Sorge um den Großvater, ihr Schönes, denn das Leben in der Familie war nun, da die vielen Festlichkeiten wegfielen, ein engeres und stilleres, und landschaftlich war es überaus stimmungsvoll, das allmähliche Bunterwerden der Blätter in den schönen Parks zu beobachten. Durch die Abreise des Sommerpublikums waren diese leer geworden und schienen nun für Spaziergänge und Ausfahrten uns allein zu gehören.

Der Herbst trat in diesem Jahre in Rußland besonders früh ein. Unsagbar melancholisch standen die Baumalleen mit den langsam fallenden Blättern, die in Kanäle und Teiche hinabflatterten und gelbe und braune Farbflecke auf dem stillen Wasser bildeten. Das große Sterben der Natur machte in der weiten russischen Landschaft einen noch ergreifenderen Eindruck als bei uns in Deutschland.

Zurückschauend wollen mir heute diese Herbsttage als ein Sinnbild des großen Leidens und Sterbens erscheinen, das bald über dieses große Reich kommen sollte: eines Sterbens, dessen Ausmaße die Welt wohl noch nie gesehen hat, eines Leidens, wie es ein Volk auf Erden kaum je erlebt hat, einer Katastrophe, bei der alles, aber auch alles vernichtet werden sollte, was Kultur, Sitte und Glaube in jahrhundertelanger Entwicklung aufgebaut hatten. Wie barmherzig ist doch Gott, daß er uns nicht in die Zukunft blicken läßt!

Rußland mit allem, was für mich junges Menschenkind damit verbunden war, bedeutete in meinem Leben etwas ganz Großes und Schönes, etwas ganz Eigenartiges und Bedeutsames. Die Erinnerung an all das Schöne, das ich dort erlebte, an all das Gute, das mir von lieben Menschen zuteil wurde, wird unauslöschlich in meinem Herzen fortleben.

Die furchtbare Katastrophe der Revolution hat das Rußland, das ich kannte und liebte, vernichtet und verschlungen in tiefste, schwärzeste Abgründe, aus denen es wohl in absehbarer Zeit sich nach menschlicher Berechnung nicht wieder erheben wird. Trauernd, dem unerforschlichen Willen Gottes ergeben, stehe ich vor einem Geschehen, das in der Weltgeschichte wohl kaum einen Vergleich kennt.

Nur die Erinnerung hält noch das Bild von Menschen fest, deren Leben längst erloschen, deren Taten aber in das »Buch des Lebens« geschrieben sind, um dermaleinst, von Gottes Gerechtigkeit beurteilt, in verklärter Form im Reiche Gottes fortzuleben.

Im Laufe des Novembers reiste ich von Mecklenburg aus den Meinen nach Cannes nach. Mein Großvater hatte bereits eine schöne und geräumige Villa in der Nähe der Villa Wenden bezogen. Er erholte sich in dem milden

Klima zusehends, fuhr auch öfter im Wagen aus, aber seine Beine blieben nach wie vor fast völlig gelähmt, und er konnte nur mit Mühe, gestützt auf zwei Menschen, wenige Schritte im Zimmer gehen.

Ich bemühte mich nach Kräften, zu seiner Pflege und Unterhaltung beizutragen. Zunächst besuchte ich ihn zweimal am Tage und versuchte ihn durch Erzählen meiner kleinen Erlebnisse zu zerstreuen. Als seine Kräfte im Laufe des Winters zunahmen, aß ich allein oder mit meiner Mutter oder auch mit einem der Onkels, die sich den Winter über abwechselnd in Cannes bei ihm aufhielten, täglich zu Mittag mit ihm. Gegen Abend ging ich noch einmal zu ihm, was ihn sichtlich erfreute. Seine rührende Güte für mich und der frohe Ausdruck, der sein liebes Gesicht jedesmal bei meinem Erscheinen erhellte, lohnte mir reichlich jede Unbequemlichkeit, die mir lebhaftem Kind die Gebundenheit an diese regelmäßigen Krankenbesuche hätte machen können.

In diesem Winter hatte sich die politische Lage im Fernen Osten zugespitzt. Mitten in den Verhandlungen zwischen den Kabinetten griffen im Februar 1904 japanische Torpedoboote plötzlich ohne vorherige Kriegserklärung das russische Geschwader auf der Außenreede von Port Arthur an und beschädigten drei Schiffe. Das war der Anfang dieses für Rußland verhängnisvollen Krieges, der ihm Niederlage über Niederlage und schließlich die erste Revolution gebracht hat. Ich entsinne mich noch genau, welchen Eindruck es auf mein junges Gemüt machte, als die Nachrichten von dem Überfall und der nachträglichen Kriegserklärung eintrafen.

Besonders erinnere ich mich noch eines Besuchs, den wir einem Verwundetenheim abgestattet haben, das mit russischen Offizieren belegt war. Sie gehörten Schiffen an, die einen Ausfall aus Port Arthur gemacht hatten und in neutrale Häfen geflohen waren. Die Schiffe waren entwaffnet, die verwundeten Offiziere auf einem neutralen Schiff nach Südfrankreich gebracht worden. Als wir sie im nächsten Winter besuchten, bestätigten die Offiziere uns die schauerlichen Beschreibungen über den Kampf, die wir in französischen Zeitungen gelesen hatten. Da die Seekämpfe bei Port Arthur die ersten waren, die mit modernen Kriegsmitteln und Geschützen ausgefochten wurden und die Wirkungen auf den Schiffen so verheerend waren, wie man es früher sich nicht hätte vorstellen können, riefen die Beschreibungen den tiefsten Eindruck hervor.

Ich weiß auch noch, daß ich mir ein Album anlegte, in das ich Zeitungsausschnitte und Bilder vom russisch-japanischen Kriegsschauplatz einklebte, ein Zeichen dafür, wie lebhaft sich meine jugendliche Phantasie mit dem Kriege beschäftigte, von dem wir natürlich durch meiner Mutter russische Verwandte und Bekannte viel hörten. Von weiteren Erlebnissen, die mit dem russisch-japanischen Kriege in Zusammenhang stehen, werde ich noch erzählen.

Im Frühjahr wurde Großpapa für den Übergang in den Norden zunächst nach Baden-Baden gebracht, und ich durfte zu meiner großen Freude mit ihm reisen. Wir verließen Cannes erst Mitte Mai und erlebten auf diese Weise einmal den richtigen heißen, wundervollen Frühling, den wir versäumten, wenn wir wie üblich am 1. Mai aufbrachen.

Als ich am Tage vor unserer Abreise mit meiner Mutter beim Tee im Rauchzimmer saß und wir durch die weit geöffneten Glastüren auf das herrliche Panorama unter uns schauten, beschlossen wir, uns das nächste Jahr wieder diesen Genuß zu verschaffen und wieder so lange in Cannes zu bleiben. Aber im nächsten Jahre kam es ganz anders: anstatt später, reiste ich viel früher ab, denn meine Hochzeit stand bevor!

Wir fuhren also Mitte Mai mit einem Sonderzug nach Baden-Baden. Es war erstaunlich, wie mein Großvater im Verlaufe der Reise immer teilnehmender und lebhafter wurde. Als bei der Ankunft auf dem Bahnhof Baden-Oos der Bahnhofsvorsteher zu ihm in den Wagen kam, konnte sich mein Großvater bereits beinahe wie früher in seinen gesunden Tagen mit ihm unterhalten. Er erkundigte sich nach der Anwesenheit von Familienmitgliedern des Großherzoglichen Hauses in Baden-Baden und nahm an allem rege teil, was in dem lieblichen Städtchen während des letzten Jahres vorgefallen war.

In Baden-Baden nahmen wir Wohnung in der Dependance-Villa des Hotels Stephanie; Großpapa bewohnte die untere Etage, ich mit Fräulein King die Vorderzimmer der oberen, die den Blick auf die Oos und die Anlagen boten.

Mein Großvater empfand viel Freude beim Wiedersehen mit den bekannten Plätzen und Stätten des reizenden Badeorts. Er erhielt auch oft den Besuch seiner badischen Verwandten sowie vieler russischer und deutscher Freunde und Bekannten. Sein Gehvermögen nahm mit der Zeit soweit zu, daß er, gestützt auf seinen Diener und einen handfesten Stock, in den Anlagen kleine Spaziergänge unternehmen konnte. Er setzte sich gern auf eine Bank und beobachtete die vorüberpromenierenden Badegäste, die ihn ehrerbietig grüßten. Bei diesen Spaziergängen begleitete uns meist einer seiner Adjutanten oder Dr.

Zander. Mittags sah er ab und zu Gäste bei Tisch, und Nachmittags wurde dann und wann eine Ausfahrt in die herrliche Umgegend von Baden-Baden gemacht, die im Frühling mit den tiefen Wäldern, grünen Hängen und blühenden Sträuchern märchenhaft schön ist.

Von den Badischen Verwandten, die Großpapa aufsuchten, sah er wohl am liebsten seinen Schwager, Großherzog Friedrich I., und Großherzogin Luise, weiter beider Tochter, die Königin Viktoria von Schweden und die Prinzessin Wilhelm von Baden, geb. Prinzessin Leuchtenberg.

Der Großherzog war ein ungemein freundlicher und vornehmer alter Herr, der von seinen Landeskindern herzlich verehrt und geliebt wurde. Als Schwiegersohn des Alten Kaisers und selbst eine hervorragende Persönlichkeit, hatte er auch mehrfach in der Politik des Reiches eine Rolle gespielt. Großherzogin Luise war eine vorbildliche Landesmutter. Das unbedingte Pflichtbewußtsein, das sie ihrem Lande gegenüber bezeugte, hatte sie von ihrer Mutter, der Kaiserin Augusta, geerbt. Sie gründete zahlreiche wohltätige Anstalten und führte sie in mustergültiger Weise. Sie wurde nie müde, diese Anstalten zu besuchen oder ihre vielen anderen landesmütterlichen Pflichten zu erfüllen. Bis in ihr hohes Alter hinein gönnte sie sich keine Ruhe. Entweder war sie unterwegs in Krankenhäusern, Erziehungsanstalten, Kochschulen und sonstigen Heimen, oder sie empfing Menschen, mit denen sie eingehend über alles sprach und von denen sie sich über alles unterrichten ließ, wobei sie ihnen warme Teilnahme auch in rein persönlichen Angelegenheiten bezeigte. Ich hatte den Eindruck, als kenne sie fast jeden Badenser. Wenn ich im Kriege in Berlin oder anderswo durch die

Lazarette ging und einen badischen Verwundeten antraf, so kannte er bestimmt persönlich seine Großherzogin.

Welche bittere Tragik lag darin, daß sie, die warmherzige Badische Großherzogin, bei Schluß des Krieges und zu Beginn der Revolution im eigenen Lande als die »Preußin« verschrien und in undankbarster Weise geschmäht worden ist! Glücklicherweise aber machte diese Stimmung allmählich wieder einer gerechteren Platz, so daß der Großherzogin Luise doch noch auf der Mainau und Schloß Baden ein friedlicher Lebensabend beschert worden ist. Die große Teilnahme der Bevölkerung bei ihrem Tode hat dann deutlich gezeigt, wieviel Liebe und Treue für sie immer noch im Volke lebte. Auch im Preußischen Königshause hat Großherzogin Luise stets eine ehrfurchtgebietende Stellung eingenommen. Als einzige Tochter Kaiser Wilhelms I. und der Kaiserin Augusta hütete sie treulich deren Tradition, die, als ich heiratete, am Preußischen Hofe und in Familienangelegenheiten noch in jeder Beziehung maßgebend war. Bei allen Familienfeiern, die in Berlin stattfanden, war Großherzogin Luise anwesend. Sie bewohnte dann stets ihre einstigen Mädchenzimmer im Palais des Alten Kaisers im unteren Stockwerk rechts. Dort sah sie die Getreuen ihrer Eltern und viele Bekannte, die mit ihrer Auffassung von den Pflichten des Lebens übereinstimmten.

Für die einstmals von ihrer Mutter gegründeten und betreuten Anstalten bezeigte die Großherzogin ein besonders warmes Interesse. Es verging kein Sonntag, an dem sie nicht der Oberin des Augusta-Hospitals in Berlin einen längeren schriftlichen Gruß sandte. Weilte sie in Berlin oder Potsdam, so versäumte sie es nie, dieses und das Augusta-Stift in Potsdam zu besuchen und lange und eingehend mit den Oberinnen, Schwestern, Lehrerinnen und den Kranken oder Kindern zu sprechen. Sie kannte die Schwestern und ihre Schutzbefohlenen ganz genau.

Für mich war die Großherzogin infolge meiner doppelten Verwandtschaftsbeziehung mit ihr von besonderer Bedeutung. Vor allem nach dem Tode meiner Schwiegermutter, der Kaiserin, ist mir die Großtante unendlich liebevoll entgegen gekommen, voller Verständnis besonders für die Weiterführung des Vermächtnisses der Kaiserin auf dem Gebiete der Wohltätigkeit. Es ist für mich wirklich wie eine Einsegnung gewesen, als die greise Patriarchin des Hauses mir bei meinen letzten Besuchen in Baden-Baden ihren Segen durch Rat und Zuspruch für meine vielen verantwortungsvollen Aufgaben auf den Lebensweg mitgab.

Im Jahre 1904 waren beide, Großherzog und Großherzogin, noch sehr rüstig und im Vollbesitz ihrer Lebenskräfte, wenn auch, der Großherzog schon im vorgerückten Lebensalter stand. Er war sechs Jahre älter als mein Großvater. Meine Großmutter Olga war die sehr viel jüngere Schwester gewesen.

Die Tochter des Großherzogspaares, die kürzlich heimgegangene Königin Viktoria von Schweden, damals Kronprinzessin, stand meinem Großvater als Nichte besonders nahe. Ich teilte diese Liebe für die Königin in vollem Maße. Sie ist für mich stets ein Vorbild gewesen in ihrer vornehmen Gesinnung und hohen Lebensauffassung. Kronprinz Gustav, der jetzige König, war damals ebenfalls in Baden-Baden anwesend und begegnete mir stets mit großer Herzensfreundlichkeit, so daß der Aufenthalt im schönen Ländle durch diesen Familienverkehr noch wesentlich verschönt wurde.

Auch in diesem Kreise hörte ich zu meinem lebhaften Interesse oft von vergangenen Generationen sprechen. Die Großtante konnte noch aus ihrer Jugendzeit von der Großherzogin Stephanie erzählen, der Nichte Napoleons und Josephinens. Sie wäre trotz ihrer französischen Geburt durchaus deutsch gesinnt gewesen. Die unglückliche Frau hatte ihre Söhne früh verloren, wie es heißt, durch einen unnatürlichen Tod. Auch die im Schloß Baden befindlichen Porträts der Badischen Prinzessinnen, Töchter des Erbprinzen Karl Ludwig und Enkelinnen der sogenannten »Großen Landgräfin« von Hessen erklärte mir Großherzogin Luise; es waren die Kaiserin Elisabeth von Rußland, die Königin Karoline von Bayern und die Königin Friederike von Schweden, Gemahlin des abgesetzten Gustav Adolf IV.

Ein gern gesehener Gast war ferner die Prinzessin Wilhelm von Baden, Großpapas Nichte, Mutter des Prinzen Max. Das schöne Profil hatte sie, eine geborene Prinzessin Marie Romanowsky, Herzogin von Leuchtenberg, von ihrem Großvater Kaiser Nikolaus I.; sie war sehr schlicht und wahr in allem, was sie tat und sagte. Sie trug ihre Kleidung stets nach männlichem Schnitt, nämlich eine Jacke mit Weste und Krawatte, was ihr ein etwas strenges Aussehen gab. Sie war aber sehr freundlich und im Volke ungemein beliebt. In Baden-Baden wohnte sie im Hotel de Russie, sonst in ihrem Palais in Karlsruhe oder in Salem.

Viele Russen kamen damals zur Erholung nach Baden-Baden; manche besaßen auch eigene Häuser, die sie im Sommer bewohnten. Ich erinnere mich an zwei alte Fürstinnen Garagin, Jugendfreundinnen von meinem Großvater, die ein hübsches altes Haus an der Oos besaßen.

Eine schöne russische Kapelle vereinigte die Russische Kolonie allsonntäglich; auch Großpapa hatte sie in gesunden Tagen regelmäßig besucht.

Ich genoß in vollen Zügen die schönen Spaziergänge in den Anlagen, die Lichtentaler Allee entlang oder zum alten Schloß hinauf. Wunderschön waren die Ausflüge nach dem entzückenden Rokokoschlößchen Favorite, in der Rheinebene gelegen, von blumigen Wiesen und blühenden Obstbäumen umgeben, oder die Iburg hinauf oder zum schönen Schloß Ebersteinburg. Von hier aus genoß man einen herrlichen Blick über die Höhen und Täler des Schwarzwaldes; an klaren Tagen konnte man von den höchsten Punkten aus sogar bis Straßburg sehen, das in dämmriger Ferne lag. Das helle Laub der Buchen prangte im ersten Maiengrün, und die Obstbäume bildeten ein Meer von weißen und rosa Blüten. In den Anlagen blühten Rhododendron und Azaleen, die Glycinen stürzten in blauen Kaskaden von den Häusern und Steinmauern und gaben der Stadt einen südlichen, in Blütenrausch getauchten Charakter. Die guten Konzerte vor dem Kurhaus und das Wandeln durch die Kolonnaden an den schönen Schaufenstern vorbei boten mir ebenfalls ein großes Vergnügen, so daß diese Aufenthalte in Baden eine besonders liebe Jugenderinnerung für mich bilden. Aber den äußeren Rahmen überstrahlend steht mit dem Gedenken an jene Zeit stets die Erinnerung an meinen Großvater im Vordergrund, dessen Herzensgüte auch in jenen Tagen für mich immer die gleiche geblieben ist.

Im Jahre 1904 bin ich das letztemal in Michaelowskoe gewesen, kurz nach unserer Rückkehr nach Gelbensande verlobte ich mich. In diesem Sommer erfolgte im August die Geburt des heißersehnten Thronfolgers, des kleinen Großfürsten Alexei. Eine große und aufrichtige Freude verbreitete sich über dieses Ereignis in ganz Rußland, und ungezählte Hoffnungen knüpften sich an das Leben dieses armen kleinen Jungen, der bestimmt schien, Rußland dermaleinst zu beherrschen. Die Eltern waren, besonders da die Zarin ihrem Gatten viermal statt des erhofften Thronfolgers Töchter geschenkt hatte, überaus glücklich. Für die Kaiserin bedeutete dieses Ereignis gleichzeitig eine Hebung ihres Ansehens im Volke und damit scheinbar den Anfang einer glücklicheren Zeit. Als Vertreter des Deutschen Kaisers, der mit König Eduard, meinem Großvater und anderen Fürstlichkeiten Pate war, kam Prinz Heinrich von Preußen zu der am 24. August stattfindenden Taufe nach Peterhof. Da ich von meiner bevorstehenden Verlobung schon etwas ahnte, interessierte es mich natürlich sehr, den Onkel meines zukünftigen Bräutigams kennenzulernen. Er genoß allgemein Sympathie, auch am russischen Hof, und wurde allenthalben mit großer Liebenswürdigkeit aufgenommen.

Bald darauf traf durch den deutschen Kurier ein für mein weiteres Leben bedeutungsvolles Schreiben meines nachmaligen Schwiegervaters an meine Mutter in Michaelowskoe ein, und ich verlebte nun diesen letzten Aufenthalt bei meinem Großvater bereits mit Empfindungen des Abschieds und mit sehr viel anderen Gefühlen als sonst.

Wir erlebten in diesem Sommer des russisch-japanischen Krieges auch die schweren Sorgen, die Hoffnungen und Befürchtungen, die man insbesondere für das belagerte Port Arthur hegte. Schwere Wolken senkten sich damals auf das russische Reich hernieder.

Ich erinnere mich, daß wir uns eines Tages mit den Majestäten auf einen Exerzierplatz unweit Peterhof begaben, wo Truppen zum Feldzug eingesegnet werden sollten. Wir fuhren im Wagen um die Bataillone herum und die Kaiserin verteilte dabei geweihte Medaillen und Heiligenbilder unter die Soldaten. Unvergeßlich ist mir der Anblick dieser lehmgrauen, feldmarschmäßig bepackten Gestalten, die in großen Wasserpfützen stehen mußten, da es heftig geregnet hatte. Die langsam gespielte Kaiserhymne verlieh dem Ganzen einen tief melancholischen Charakter, der noch verstärkt wurde, wenn man bedachte, wie viele tausend Werst die armen Leute zurückzulegen hatten, bis sie den ostasiatischen Kriegsschauplatz erreichen würden – und welches Schicksal ihrer harrte! Die meisten wußten wohl kaum, um was es sich handelte, und weshalb sie ihren Familien und Feldern entrissen worden waren. Wie anders dagegen das volle Bewußtsein der gerechten Sache und die Begeisterung unserer ausziehenden deutschen Truppen im Jahre 1914!

Auch die Baltische Flotte haben mir in Kronstadt besucht, bevor sie ihren Marsch fast um die ganze Erdkugel antrat, um bei Tschuschima ihr Ende zu finden, und wir sind auch noch einmal zum Abschied auf unserer lieben »Swjetlana« gewesen. Wie verändert sah sie jetzt aus im Verhältnis zu früher, wenn sie uns zu unseren fröhlichen Fahrten abholte! Die Holzverkleidungen waren der Feuersgefahr wegen entfernt, an Bord wie in den Kabinen starrten nüchternes Eisen und Stahl. Wir verlebten noch schöne Stunden mit dem liebenswürdigen Kommandanten Kapitän von Scheine und seiner Frau, einer geborenen Prinzessin Urusoff. Kapitän v. Scheine hat mir damals das erwähnte Christusbild zum Geschenk gemacht, das immer meine Kabine geschmückt hatte und nun wegen seines Holzrahmens ebenfalls abgenommen worden war. Ich nahm es mit tiefem Dank entgegen und habe dem Bild stets einen Ehrenplatz in meinem Schlafzimmer gegeben.

Als die Flotte nach dem ostasiatischen Kriegsschauplatz unterwegs war, kam Frau v. Scheine zu uns nach Cannes, um ihren Mann vielleicht noch einmal zu sehen. Ihre Hoffnung, ihn während des langen Aufenthalts der Flotte in Madagaskar besuchen zu können, sollte sich jedoch nicht erfüllen. Sie hat ihren geliebten Mann nicht wieder gesehen: am Morgen des 28. Mai 1905 ist er in der Seeschlacht von Tschuschima mit seinem wackeren kleinen Kreuzer untergegangen. Mein Mann hat mir später ein Bild von dem Maler Bohrdt geschenkt, das den Untergang unserer braven »Swjetlana« im Kampf mit zwei japanischen Kreuzern darstellt. Ich erinnere mich, daß das Bild mich tief bewegt hat und ich bei dem unerwarteten Anblick in Tränen ausgebrochen bin. Frau v. Scheine, die mit ihrer Mutter jetzt nach vielen Drangsalen infolge der russischen Revolution im Ausland lebt, ist mir weiterhin eine treue Freundin geblieben. So bin ich doch noch mit der auf immer versunkenen Vergangenheit innerlich durch liebe Menschen verknüpft.

Wir haben bei diesem letzten Besuch in Kronstadt auch ein eben fertiggestelltes Panzerschiff: »Kaiser Alexander III.« besichtigt. Es war ein Schiff von ungefähr 14000 Tonnen mit vier 30,5-cm-Geschützen, eigentümlich hoch aufgebaut, mit hohen Seitenborden. Es machte den Eindruck, als würde die Mannschaft bei einem Untergang rettungslos, wie in einem großen Sarg, gefangen gehalten sein. Unsere deutschen Schiffe mit ihren breiten freien Decks waren dagegen durchaus übersichtlich. Die russischen Schiffe waren bis auf einige neue Kreuzer alter Konstruktion, und es ist an sich ein Wunder, daß es Admiral Rosdjestwenski überhaupt gelang, die ganz verschiedenartigen Einheiten bis zum Fernen Osten zu bringen. Der Admiral machte meiner Mutter noch kurz vor seinem Auslaufen seinen Abschiedsbesuch in Michaelowskoe. Ich sehe den sympathischen klugen Mann in seiner schwarzen Marineuniform noch vor mir. Er ist nach der Schlacht von Tschuschima schwer verwundet in japanische Gefangenschaft gefallen.

Nach diesem Besuch bin ich nur noch ein einziges Mal, im Jahr 1911, zu dem bereits erwähnten offiziellen Besuch beim Kaiserpaar in Zarskoje-Selo, nach Rußland gekommen.

X.
Meine Brautzeit

Ein Besuch, den ich im Herbst des Jahres 1903 mit meinem Bruder unserer Schwester Alexandrine in Fredensborg auf Seeland machte, bildete den Auftakt zu einem bedeutsamen Ereignis in unserer Familie. In Fredensborg liegt am weiten, waldumstandenen Esromsee mitten in einem prächtigen, von langen Baumalleen durchzogenen Park das berühmte dänische Königsschloß.

Auf dem Bahnhof Fredensborg empfing uns zu unserer freudigen Überraschung der greise König Christian IX. persönlich und mit so großer Freundlichkeit, daß er sofort unsere Herzen gewann. Und als wir später in den großen Salon des Schlosses geführt wurden, wo sämtliche Mitglieder des Königshauses und ihre Umgebungen uns begrüßten, ein Augenblick, der für junge Menschen recht peinlich sein kann, da war es die uns seit langem gut bekannte Kaiserin Maria Feodorowna, die uns als erste entgegenkam und uns mit all ihrer Güte und Herzlichkeit willkommen hieß. Alsbald war der Bann gebrochen, und Unbehaglichkeit und Verlegenheit konnten gar nicht erst aufkommen. Es dauerte nicht lange, so fühlten wir uns völlig heimisch inmitten der zahlreichen dänischen Familie.

Selten hat wohl ein so patriarchalisches Verhältnis und ein so enger Zusammenhalt in einer fürstlichen Familie geherrscht wie in der dänischen zur Zeit König

Christians IX. Der alte König war stets der geistige Mittelpunkt des Kreises, geliebt von seinen Kindern und Enkeln. Nicht sehr groß, doch schlank und geschmeidig von Gestalt, hatte er sich seine Jugendlichkeit bis ins hohe Alter bewahrt; trotz seiner 84 Jahre ritt er noch jeden Morgen zwei bis drei Pferde.

Man nannte ihn den »Schwiegervater Europas« – war er doch durch seine Tochter Alexandra Schwiegervater König Eduards VII. von Großbritannien und durch seine Tochter Dagmar, die als russische Kaiserin Maria Feodorowna hieß, der Schwiegervater Kaiser Alexanders III. Seine dritte Tochter, Prinzessin Thyra, war die Gemahlin des Herzogs von Cumberland. Alljährlich im Herbst trafen sich auf Schloß Fredensborg die Verwandten aus England und Rußland, um dort gemeinsam ein fröhliches und familiäres Leben zu führen. Es soll während dieser Familienzusammenkünfte auch manch Gespräch gepflogen worden sein, das von Einfluß auf die große Politik gewesen ist. Darüber kann ich natürlich nicht urteilen, da ich damals viel zu jung war.

Zu meiner nicht geringen Freude weilte in jenen Tagen auch die Familie des Herzogs von Cumberland in Fredensborg, mit der wir von Cannes her sehr befreundet waren, so daß wir bald eine fröhliche Gesellschaft bildeten; besonders mit Radfahren, das damals gerade in Mode kam, und lustigen Spielen im großen Park vertrieben wir uns die Zeit. Dieses fröhliche ungezwungene Beisammensein führte kurz vor Weihnachten zu der Verlobung meines Bruders mit der zweiten Tochter des Herzogs von Cumberland.

Für meine Mutter und uns Schwestern konnte es keine Verbindung unseres Bruders geben, die uns lieber gewesen wäre. Stand uns doch die Cumberlandsche Familie seit Jahren so nahe wie kaum eine andere; und hatten wir seine Braut doch alle seit langem in unser Herz geschlossen! Alix ist uns fortan eine liebe Schwester geworden und ist es in frohen und trüben Jahren bis auf den heutigen Tag geblieben. Und sie hat uns, was wir ihr vor allem danken, unser Elternhaus mit warmem Verständnis so erhalten, wie wir es uns nicht schöner denken könnten.

Da mir meine Mutter erlaubte, das Weihnachtsfest bei dem Brautpaar in Gmunden zu verleben, konnte ich mich an dem Glück meines Bruders besonders erfreuen. Schon die Bahnfahrt durch die verschneiten Alpen bot mir einen ungewohnten Genuß, der um so schöner war, als diese Bilder für mich ganz ungewohnt waren. Die Tage, die ich dann in Gmunden mit dem Brautpaar, meiner Freundin Olga und den anderen lieben Verwandten verleben durfte, waren unbeschreiblich schön. Ich kann gar nicht sagen, wie sehr mich schon der bloße Anblick des Schnees begeisterte!

Auch der König von Dänemark war mit seinem Bruder Hans von Holstein-Glücksburg anwesend, um in der Familie seiner Tochter das Weihnachtsfest zu feiern. Zum Heiligen Abend kam ferner die Königin von Hannover, die Mutter des Herzogs von Cumberland, mit ihrer jüngsten Tochter Mary aus ihrer benachbarten Villa herüber. Sie erhielt von ihrem Sohne prachtvolle Brillantohrringe zum Geschenk, über die sie sich so unbändig freute, daß sie den ihr an Alter und Jugendfrische gleichen König Christian beim Arm ergriff und unter dem Jubel der ganzen Gesellschaft mit ihm durch den Saal walzte.

Anfang Januar verließ ich mit meinem Bruder das gastliche Schloß Cumberland, um Mamas Namenstag am 4. Januar bei ihr in Cannes zu verleben. Mein Bruder hatte die Freude, daß bald darauf auch seine Braut mit ihrer Familie auf einige Wochen dorthin kam, und wieder konnten wir uns an gemeinsamen Fahrten auf See und in die ländliche Umgebung vergnügen. Es kam uns dabei sehr zu statten, daß der Vertreter der Daimler-Werke, Herr Jellinek, dem Brautpaar eine große rote Limousine zur Verfügung stellte. Da auch mein Bruder bereits seit mehreren Jahren einen Mercedeswagen fuhr, so sind unsere Beziehungen zu der weltbekannten Firma schon recht alt. Es war übrigens die Tochter dieses Herrn Jellinek, Mercedes, die der Firma den bekannten Namen gegeben hatte.

Mitte Mai erreichte uns die schmerzliche Nachricht von dem plötzlichen Tode meines Vetters Paul Friedrich, der mit seinen Geschwistern Marie Antoinette und Heinrich Borwin zu unseren liebsten Spielkameraden gehört hatte. Er fiel als Leutnant zur See in Kiel einem Unglücksfall zum Opfer. Mit ihm sank ein Stück gemeinsam verlebter goldener Jugendzeit ins frühe Grab.

Als wir in den ersten Junitagen zur Hochzeit meines Bruders in Gmunden eintrafen, fanden wir dort die ganze Familie in tiefe Trauer versetzt. Tante Mary war ganz überraschend an den Folgen einer Blinddarmentzündung gestorben. Da aber ein Teil der Hochzeitsgäste bereits eingetroffen war, wollte man trotz allen Schmerzes die Feier nun nicht mehr verschieben. Ein Polterabend konnte angesichts dieses traurigen Ereignisses natürlich nicht stattfinden, und der feierliche Tag selbst verlief ohne Fröhlichkeit, in ernster Stimmung. Jeden

Abend wurden Andachten im Trauerhause bei der Königin Marie abgehalten. Den einzigen heiteren Eindruck, den ich mit nach Hause nahm, bot ein Ausflug über den schönen Traunsee. Schon am Tage nach der Hochzeit verließ unter diesen Umständen meine Mutter mit mir Schloß Cumberland, um nach Mecklenburg zu fahren. Denn einige Wochen später sollte der Einzug des jungen Paares in Schwerin erfolgen.

Eine ähnliche Rolle, wie für meinen Bruder unsere Reise nach Dänemark im Jahre zuvor, sollte für mein Schicksal das internationale Gordon-Bennet-Automobilrennen spielen, das am 17. Juni 1904 zwischen Homburg v. d. Höhe und der Saalburg gefahren wurde. Meine Mutter, die als Protektorin des Allgemeinen Deutschen Automobilklubs dem Rennen beiwohnte, hatte mich zu meiner Freude mitgenommen, und die Erwartungen, die man hegen durfte, wurden nicht enttäuscht. Gesellschaftlich bot die Veranstaltung ein überaus glanzvolles Bild, die Majestäten waren mit Gefolge zugegen, ferner eine große Anzahl Fürstlichkeiten. Da die Bahn sehr übersichtlich angelegt war, konnte man den Verlauf der Rennen in allen Einzelheiten verfolgen. Man fieberte vor Erregung, wenn die Wagen durch die schwierigen Kurven rasten, sich gegenseitig überholten. Man freute sich, wenn die deutschen Teilnehmer an Boden gewannen, und man jubelte doch neidlos dem französischen Fahrer zu, der schließlich den Sieg errang.

Einige Zeit, nachdem das Rennen begonnen hatte, kam General von Plessen, der bekannte Generaladjutant des Kaisers, in unsere Loge, um meine Mutter und mich im Auftrage der Majestäten zu einem Besuche in der Hofloge einzuladen. Es war das zweitemal, daß ich meine späteren Schwiegereltern sah. Diesmal unterhielt die Kaiserin sich besonders eingehend und auffallend lange mit mir. Ihre Herzensgüte und ihre Mütterlichkeit gaben dem Gespräch einen so warmen Ton, daß ich sie sofort mit ganzer Verehrung in mein Herz schloß. Der Bedeutung, die diese Augenblicke für die Gestaltung meines Lebensschicksals gewinnen sollten, bin ich mir damals jedoch in vollem Umfange kaum bewußt gewesen.

Als dann Anfang Juli der feierliche Einzug meines Bruders und meiner Schwägerin in Schwerin stattfand, erschien zu den Festlichkeiten unter der großen Zahl anderer fürstlicher Gäste auch der Kronprinz; er vertrat seinen kaiserlichen Vater und überreichte das schöne Hochzeitsgeschenk des Kaiserpaares, ein Service aus der Königlichen Porzellanmanufaktur Berlin. Begegnet war ich übrigens dem Kronprinzen bis dahin noch nie, doch konnte ich mir von seiner äußeren Erscheinung, seinem Auftreten und seiner überall gerühmten frischen Natürlichkeit ein gutes Bild machen.

Ich werde es niemals vergessen, wie ich am Nachmittag des Einzugstages, dem 5. Juli, mit meiner Mutter und meiner Schwester zum Empfange auf der Weißen Treppe stehend, meinen zukünftigen Verlobten die Stufen heraufkommen sah: der erste Augenblick war für mich entscheidend! So kurze Zeit sein Aufenthalt währte, so erlebnisreich wurde er für uns beide. Denn inmitten der vielen Festlichkeiten des ersten Tages: Diner, Konzert, Vorstellung, fanden wir doch bereits Gelegenheit genug, um uns in ungestörter Aussprache kennenzulernen.

Noch mehr war dies am nächsten Tage der Fall. Morgens ritten wir, von Schwager Christian und Tante Charlotte Reuß als »Elefanten« begleitet, zusammen aus –

denn für einen so begeisterten Reiter wie den Kronprinzen war es verständlich, daß er auch davon einen Eindruck gewinnen wollte, wie die Frau, die er sich erwählte, »zu Pferde saß«! Nachmittags noch eine unvergeßliche Fahrt über den See zu Großmama Marie, wo auch Königin Wilhelmine sich aufhielt, abends nach dem Hofkonzert noch ein fröhliches Zusammensein beim Souper, dann aber schlug unwiderruflich die Abschiedsstunde. Der Kronprinz reiste ab – und die weiteren Festlichkeiten hatten für mich nun jeden Reiz verloren! Selbst mein erster großer Hofball, den ich in diesen Tagen mitmachte, und ein wunderhübsches Gartenfest im Burggarten konnten mich nicht darüber hinwegtäuschen, daß mir etwas fehlte.

Bald darauf sahen der Kronprinz und ich uns zum zweiten Male. Als wir auf unserer letzten Reise nach Rußland in Berlin Aufenthalt nahmen, soupierte er mit uns im »Kaiserhof« und fuhr uns dann in seinem Auto durch den Tiergarten an den Bahnhof. Von diesem Tage an hing mir, wie man zu sagen pflegt, der Himmel voller Geigen …

Einige Wochen später erhielt meine Mutter in Michaelowskoe durch Kurier das bereits erwähnte denkwürdige Schreiben des Kaisers, in dem er um meine Hand für seinen Sohn bat. Der Kurier, der das Schreiben von der Deutschen Botschaft in St. Petersburg überbrachte, war der damalige Feldjäger von Stünzner; er ist ein Jahr darauf als Oberförster in den Dienst des Kronprinzen getreten und unser sehr geschätzter Forstmeister in Öls geworden. Wir sehen in ihm heute noch wie vor 25 Jahren den »Liebesboten« in wichtigster diplomatischer Mission!

Ich hatte mich längst entschieden, was ich zu antworten hätte, wenn meine Mutter mich fragen würde; aber auch die Pflichten, die ich auf mich nehmen sollte, hatte ich mir klar gemacht. Ich wußte, wessen Stelle ich einmal einnehmen sollte, war der Schwere der Aufgabe und der Verantwortung vor Gott und einem großen Volke eingedenk. Die Reihe der preußischen Frauen von Königin Luise bis zu unserer Kaiserin stand vor meinem Auge: würde ich ihrer wert sein? Ich prüfte alles, fragte dann noch einmal mein Herz und antwortete meiner Mutter freudig: »Ja.«

Von diesem Tage an empfand ich eine lebhafte, aber beglückende Unruhe. Ich mußte mich jedoch außerordentlich zusammennehmen, denn die bevorstehende Verlobung sollte noch ein strenges Geheimnis bleiben. Es gelang auch mit erstaunlichem Erfolge, während sonst meist fürstliche Verlobungen den Zeitungen und dem Publikum lange vorher bekannt sind. Wie groß aber war meine erwartungsvolle Freude, als Mama mir auf der Rückreise nach Deutschland Ende August eröffnete, daß der Kronprinz uns in den nächsten Tagen in Gelbensande besuchen würde! Sollte doch nun das große Ereignis zur Tatsache werden!

In der Frühe des 3. September traf gleichzeitig mit meinen dänischen Geschwistern der Kronprinz im altvertrauten Jagdhaus Gelbensande ein. Er war begleitet von seinem Adjutanten Hauptmann von Stülpnagel, der später mein Kammerherr wurde und uns in guten und bösen Tagen ein erprobter Freund geblieben ist. Einquartiert wurde der Kronprinz im Junggesellenzimmer meines Bruders, das über meinem Balkon lag – manch Wasserglas war im Laufe der Jahre von dort auf schwesterliche Häupter herabgegossen worden!

Kronprinz Wilhelm (1882-1951)
mit Kronprinzessin Cecilie

Als Mama mit mir den lieben Gast auf sein Zimmer geleitet hatte und wir die Treppe wieder herunterkamen, saß unten gang verlassen und recht melancholisch dreinschauend ein kleiner schwarzer Hund, ein Blackandtan-Terrier. Auf ihre erstaunte Frage, was das für ein Hund sei – denn er gehörte nicht zu den angemeldeten Gästen – erhielt meine Mutter von einem Diener die Antwort: es sei der Hund des Kronprinzen. Dies war meine erste Begegnung mit dem treuen Trick, der dann über zehn Jahre das tägliche Leben mit uns geteilt hat. Er war ein ganzer Charakter und hing mit großer Liebe an seinem Herrn; erst nach Verlauf von vollen zwei Jahren erkannte er mich als diesem zugehörig an, war dann aber auch mir in gleicher Weise ergeben wie meinem Manne. Wir nannten ihn wegen seiner unbegrenzten Anhänglichkeit »unseren Hausgeist«.

Am Vormittag des denkwürdigen 4. September machten der Kronprinz und ich einen unvergeßlich schönen Spazierritt, nach Tisch fuhren wir zum Teehaus und vergnügten uns in unseren Paddelbooten auf der See. Zahlreiche Badegäste aus Graal und Müritz sammelten sich unterdessen am Ufer und winkten dem Kronprinzen und uns anderen stürmisch zu. Übrigens muß ich bei dieser Gelegenheit feststellen, daß wir uns nicht, wie es damals allgemein hieß, im Teehause verlobt haben.

Nach schöner Heimfahrt in der dämmernden Stille des Abendfriedens fanden wir uns dann zu Hause zum Lebensbunde zusammen. Vereint traten wir dann als verlobtes Paar vor meine Mutter und baten um ihren Segen, den sie uns mit großer Herzlichkeit und Freude gab.

Nun war natürlich kein Geheimhalten mehr. Zunächst wurden meine liebe Schwester und mein Schwager unterrichtet, dann gab meine Mutter die Nachricht der treuen Dienerschaft bekannt, und die strahlenden Gesichter der Leute, die mich zum größten Teil seit meiner Kindheit kannten, bezeugten deutlich, welchen innigen Anteil sie an dem freudigen Ereignis nahmen.

Dann galt es, die Majestäten und meinen Bruder zu benachrichtigen, die sich anläßlich der Manöver sämtlich in Altona befanden. Unser Telegramm traf gerade während des großen Paradediners ein und wurde vom Kaiser alsbald bekanntgegeben. Die Kaiserin nahm die Nachricht, wie mir mein Bruder erzählt hat, sichtlich mit starker innerer Bewegung auf – handelte es sich doch um das Lebensschicksal ihres geliebten Ältesten!

Vom nächsten Tage ab kamen zahlreiche Gratulanten in die Waldesstille von Gelbensande; aus Ribnitz erschienen, was uns besonders freute, die Schulen in langem Zuge, um uns Glück zu wünschen. Aus Altona kamen meine Geschwister und freuten sich mit an unserm Glück. Daneben fluteten schriftlich und drahtlich Ströme von Glückwünschen ins Haus, an Telegrammen sollen allein zweitausend eingegangen sein. Niemals hatte das kleine Postamt in Gelbensande so große Tage erlebt! Mama richtete uns im Schreibzimmer meines Vaters einen gemütlichen Platz ein, wo wir die Glückwünsche ungestört lesen und beantworten konnten, oder vielmehr: wo wir sie ungestört hätten lesen und beantworten können, denn ich muß leider befürchten, daß die Zahl der von uns persönlich beantworteten Glückwünsche recht bescheiden geblieben ist.

Selige, unvergeßliche Tage jungen Glücks!

Nur allzu schnell vergingen die schönen Tage, dann mußten wir alle nach Schwerin zum Kaisermanöver fahren. Der Kronprinz, damals Hauptmann der 2. Kompagnie des Ersten Garde-Regiments z. F., bezog sein Quartier in Zippendorf, einem Ort ganz in der Nähe von Schwerin.

Am nächsten Tage wurden der Kaiser und die Kaiserin erwartet. Meine Mutter fuhr mit uns Brautleuten den Majestäten bis zum Bahnknotenpunkt Kleinen entgegen; dort stiegen wir in den Kaiserlichen Hofzug ein. Meine Schwiegereltern empfingen mich aufs herzlichste, die Kaiserin war zu mir nicht anders wie eine Mutter – und das ist sie mir bis an ihr Lebensende geblieben. Auf dem Bahnhof Schwerin fand großer Empfang für die Majestäten statt. Der Kaiser schritt mit meinem Bruder die Front Der Ehrenkompagnie ab, indessen die fürstlichen Damen sich begrüßten. Dann erfolgte die Fahrt zum Schloß: der Kaiser im Daumontwagen mit meinem Bruder, die Kaiserin mit meiner Schwägerin und Mama mit uns, dem Brautpaar. Überaus herzlich und rührend war der Jubel, mit dem die Schweriner uns begrüßten!

Nun folgten die Manöver, zu denen wir meist schon frühmorgens hinausfuhren. Am letzten Tage, dem die Mitwirkung der Flotte, die ein Landungskorps stellte, besonderen Reiz verlieh, nahm die Kaiserin meine Schwägerin Alix und mich mit ins Manövergelände in der Nähe von Wismar; wir suchten dort den Kronprinzen bei seinem Regiment auf und konnten ihn auch zu unserer Freude in einer Gefechtspause sprechen. Meine Schwägerin hatte die Manövertage meist zu Pferde in ihrer schmucken Dragoneruniform – sie war Chef des 2. Großherzoglich mecklenburgischen Dragoner-Regiments Nr. 18 – mitgemacht; im Wagen neben meinem Bruder sitzend, war sie zu ihrem großen Vergnügen mehr als einmal für den Ordonnanzoffizier des Großherzogs gehalten worden.

An einem der Abende während des Manövers, die im Schweriner Schloß im Familienkreise verbracht wurden, wurde der Zeitpunkt unserer Hochzeit festgelegt. Die Majestäten hatten zunächst den Wunsch gehabt, daß ein langer Brautstand vermieden würde und die Hochzeit bereits im November stattfände. Meine Mutter aber befürchtete, daß mir der Winter, den ich nach meiner Vermählung in Deutschland hätte verleben müssen, schaden könnte, da ich ja bisher jeden Winter meines Lebens im Süden zugebracht hatte. So wurde der Termin auf den Frühling oder frühen Sommer des nächsten Jahres angesetzt. Der später anberaumte genaue Zeitpunkt mußte schließlich noch um vierzehn Tage hinausgeschoben werden, da die Kaiserin in Wiesbaden auf einer Wendeltreppe ausglitt und sich den Arm brach. Die endgültige Festsetzung des Hochzeitstages erfolgte schließlich auf den 6. Juni.

Für uns Brautleute bedeutete das natürlich eine schmerzliche Wartezeit, die zudem mit einer langen Trennung verbunden war, da ich den Winter über wieder nach Cannes gehen sollte. Aber auch mein Verlobter würdigte Mamas Gründe, und so fanden wir uns schließlich, wenn auch schweren Herzens, mit dieser Regelung ab.

Mitte Oktober machte ich meinen Schwiegereltern meinen ersten Besuch in Potsdam. Mein Bruder und meine Schwägerin begleiteten mich auf der Reise in meine zukünftige Heimat.

An einem herrlich klaren Herbstabend kamen wir in Wildpark an. In offenem Wagen fuhren wir durch das große Gittertor den schönen Weg nach dem im Abendrot erglänzenden Neuen Palais. Der Eindruck jener Stunden wird mir ewig unvergeßlich bleiben: das prachtvolle

Schloß, die liebevollen Schwiegereltern, die mich als ihre Tochter empfingen, strahlend vor Glück mein Verlobter, jubelnd vor Freude seine kleine Schwester Victoria Luise, der Sonnenschein des Hauses, die mich gleich »Cilly« taufte und mir eine liebe Gefährtin geworden ist; dazu die Umgebung des Kaiserpaares, die mich mit offenen Armen aufnahm; als Wohnung die prächtigen sogenannten Fürstengemächer, die von da ab stets den fürstlichen Bräuten zum Quartier gedient haben, und alles wundervoll mit den schönsten Blumen aus den Gewächshäusern von Sanssouci ausgeschmückt! Ich kam mir wie verzaubert vor.

Das Leben im Neuen Palais erschien mir äußerst behaglich. Früh ritten wir aus, gingen in den prachtvollen Parks spazieren oder machten Ausflüge in die idyllische Umgebung von Potsdam. An einem Abend besuchten wir auch das Königliche Schauspielhaus in Berlin, wo ich gewissermaßen dem Berliner Publikum vorgestellt wurde; zu meiner Freude wurden wir äußerst liebenswürdig begrüßt. Mit großer Genugtuung konnte ich überhaupt bei diesen und anderen Gelegenheiten beobachten, wie großer Beliebtheit sich der Kronprinz bei der Bevölkerung in Potsdam und Berlin erfreute! Wie jubelten sie ihm zu, wenn er mit seiner Kompagnie durch die Stadt marschierte oder wenn er auf seinem schlanken Vollblüter vorbeiritt. Ich empfand neben meinem tiefen bräutlichen Glück doch auch ein lebhaftes Gefühl des Stolzes über das Bewußtsein, dem Liebling des deutschen Volkes anverlobt zu sein.

Zu Tisch war im Neuen Palais oft der eine oder andere Gast, der aus den Gebieten der Kunst, der Wissenschaft oder der Politik kam, und mit dem der Kaiser sich in seiner lebhaften, für alles interessierten Art unterhielt. Politisch lieferte damals den meisten Gesprächsstoff der Russisch-Japanische Krieg, im besonderen der seltsame Zwischenfall an der Doggerbank, bei dem die auf der Reise nach dem Fernen Osten befindliche russische Flotte in eine englische Fischerflotte hineinfeuerte, die sie für japanische Torpedoboote hielt. Alles ging im Neuen Palais völlig zwanglos zu, jeder konnte frei heraussprechen, so wie es ihm ums Herz war.

Die schönste Stunde am Tage war wohl die Teestunde, wenn wir ganz gemütlich und ungestört bei der Kaiserin saßen, während im Kamin ein lustiges Feuer prasselte. Manchmal nahmen mein Schwager Eitel-Friedrich oder einer der jüngeren Brüder an dieser Stunde teil, meist aber waren wir beide allein mit der geliebten Mama. Dann führten wir lange und angeregte Gespräche über alle Fragen, die ein Frauen- und Mutterherz bewegen, und immer mehr konnte ich mich in die Seele dieser unvergeßlichen Frau hineindenken, die den natürlichen Mittelpunkt der Familie bildete.

Ich saß dann meistens neben ihr auf ihrem behaglichen Sofa, wo ich mich an ihrer Seite wohlgeborgen fühlte, und diesen Stammplatz habe ich bis in die dunklen Novembertage 1918 behalten. Noch heute sehe ich das Sofa, das jetzt in Doorn steht, niemals ohne Rührung an und ohne dankbar der gesegneten Stunden zu gedenken, die ich in langen Jahren mit meiner lieben Schwiegermutter verbringen durfte.

Es würde zu zarte Saiten berühren, wenn ich in Worte kleiden wollte, was die Kaiserin mir in frohen und trüben Tagen gewesen ist. Sie war für uns, ihre Kinder und Schwiegerkinder mit einem Worte: die Mutter. Das sagt alles.

Am nächsten ist sie mir gewiß in den Stunden getreten, da meine Kinder zur Welt kamen und sie in ihrer mütterlichen und umsichtigen Weise mir zur Seite stand. Trat sie, in solchen Fällen ganz weiß gekleidet, ins Zimmer, legte sie mir, gütig und liebevoll lächelnd, erst ihre weiche Hand auf die Stirn, so wurde mir trotz aller Bangigkeit getrost zumute. Und es war wohl auch für sie der schönste Augenblick, wenn sie mir das neugeborene Enkelchen in den Arm legen konnte. Wie war sie dann hinterher sorgsam in meiner und des Kindes Pflege, für moderne Begriffe wohl etwas streng, aber der Erfolg war auf ihrer Seite!

Überhaupt, wie rücksichtsvoll war die Kaiserin gegen ihre Schwiegertöchter! Sie befürchtete stets, daß wir uns ermüdeten, und nahm lieber selber einen Krankenbesuch vor oder wohnte selbst einer offiziellen Feier bei, nur um uns nicht Überanstrengungen auszusetzen.

In ihrem persönlichen Umgang mit uns war die Kaiserin die Güte und Höflichkeit selbst. Niemals, außer bei den großen Hoffesten, ging sie durch eine Tür, ohne uns liebevoll gleichzeitig mitzuziehen. Nie setzte sie sich nach Tisch oder in einer Gesellschaft, ohne uns einen Wink zu geben, gleichzeitig Platz zu nehmen. Dabei war sie doch die Mutter und die Kaiserin, aber ihr Herzenstakt gebot ihr so und nicht anders zu handeln.

Trotz ihrem ausgesprochen weichen Gemüt konnte die Kaiserin aber auch zuweilen sehr energisch auftreten, wenn es galt, ihre Meinung uns Kindern gegenüber durchzusetzen. Auch sie stand an einer Wende der Generationen. So trat sie stets für die Erhaltung der überlieferten Form ein und ließ niemals, wenn nicht in nebensächlichen Punkten, zu, daß wir Schwiegertöchter von ihr abwichen. Damals erschien uns das oft hart, jetzt habe ich das alles in trüben und schweren Jahren verstehen gelernt.

Ich habe bereits beiläufig erwähnt, wie die Kaiserin sich voller Sorgfalt und auf Grund praktischer Kenntnisse der Säuglingsfürsorge annahm; dieses Gebiet hat ihrem Wesen wohl am meisten entsprochen. Doch lag das Wohl der weiblichen Jugend ihr nicht weniger am Herzen. Sie ließ sich von bedeutenden Fachleuten über alle wichtigen und einschneidenden Fragen, so vor allem über die damals aufkommende Forderung nach höherer Schulbildung für die Mädchen, auf dem laufenden halten und gab oft einen Wink oder einen Rat, der ihr aus dem tiefen Verstehen ihres mütterlichen Herzens herausquoll.

Unermüdlich tätig war die Kaiserin auf dem großen Gebiete der Krankenpflege. Der Vaterländische Frauen-Verein hat unter ihrer Leitung hohe Bedeutung gewonnen, an allen Enden spüren wir heute noch, wie ihr gütiges Verständnis und ihre liebevolle Fürsorge in den Werken christlicher Nächstenliebe weiterleben. Niemals schonte sie sich, wenn es galt, Kranke zu besuchen oder durch persönliches Zugreifen Not zu lindern. Ja, sie hat sich ihr schweres Herzleiden z. T. dadurch zugezogen, daß sie niemals ihrer Gesundheit achtete, wenn es galt, ihren Pflichten als Landesmutter nachzukommen. Und dabei geschah das alles geräuschlos und ohne viel Worte. Die Kaiserin war ein innerlich unendlich bescheidener Mensch, der Gutes nur darum tat, weil es ihm sein weiches Herz gebot, nicht des Anscheins wegen.

Ich kann nicht zum Ausdruck bringen, wie dankbar ich ihr bin, daß sie mir durch ihr ganzes Wirken ein unübertreffliches Vorbild gewesen ist, und daß sie mich durch Wort und Tat in die vielen Zweige der sozialen Arbeit und der Wohltätigkeit eingeführt hat, die sie unermüdlich betreute. Gerade die praktische Behandlung der charitativen Fürsorge ist es gewesen, die uns auch außerhalb des Familienkreises eng verbunden hat. Niemals steht ihr Bild lebendiger vor meinen Augen, als wenn ich mich bemühe, unter den so ganz verschiedenen Bedingungen der Gegenwart ihr auf dem Gebiete der Wohltätigkeit nachzueifern und in ihren Wegen zu wandeln. Dankbaren Herzens glaube ich in dieser Arbeit ihren Segen zu spüren.

Eine tiefe echte Frömmigkeit erfüllte das ganze Wesen der Kaiserin. Mit ganzer Seele hing sie an ihrem evangelischen Glauben, dem sie soviel Kraft und Lebensmut entnahm. Ohne bigott und engherzig zu sein, ließ sie am Worte Gottes nicht rütteln oder deuteln. Das Christentum, das sie und ihr hoher Gemahl uns allen vorgelebt haben, war echt deutsch erlebt und aufgefaßt, und ihr fester Glaube hat ihnen in den schweren Stunden ihres Lebens geholfen. Es rührt mich stets von neuem, wenn mir manchmal in kleinen abgelegenen Dorfkirchen eine Altarbibel gezeigt wird, die meine Schwiegermutter gestiftet und mit einem schönen Bibelspruch versehen hat. Diese Bibeln erscheinen mir immer als ein lebendes Zeugnis ihrer Glaubensstärke und ihres Mitlebens mit ihrem geliebten Volke. In der von ihr gegründeten Evangelischen Frauenhilfe lebt ihr frommer christlicher Sinn weithin sichtbar fort.

Es würde viel zu weit führen, wollte ich alles das hier zu schildern versuchen, was die Kaiserin in den langen Jahren dem deutschen Volke gewesen ist. Allen, die sie gekannt haben, erschien sie als das Vorbild der deutschen Frau, und als solches steht sie heute und immer lebendig vor meinem Auge.

Nach vierzehn schön verlebten Tagen im Neuen Palais nahm ich Abschied, von tiefem Dank erfüllt für alle Liebe, mit der das Kaiserpaar mich empfangen, und für alle Freundlichkeit, die mir die Umgebung, im besonderen die Damen der Kaiserin Gräfin Brockdorff, Gräfin Keller und Fräulein von Gersdorff, entgegengebracht hatte. Nach kurzem Aufenthalt in Ludwigslust fuhr ich nach Baden-Baden und verlebte dort noch eine fröhliche Zeit mit meinem russischen Großvater und meinen badischen Verwandten.

Die schönste Freude bereitete mir aber mein Verlobter. Ich wußte, daß er weit fort, zur Jagd in Bayern, war – und eines Morgens stand er vor mir! Das war ein Jubel! Die gute Miß King, die mit im Komplott gewesen war, hatte wie das Grab geschwiegen, so daß die Überraschung in vollem Umfang gelungen war. Mein Großvater strahlte vor Freude, daß er uns beide in seiner Nähe hatte, und machte mit uns bei dem wunderschönen Herbstwetter kürzere und weitere Wagenfahrten. Für meinen Verlobten bedeutete es gewiß manchmal eine harte Geduldsprobe, mehrere Stunden im langsam fahrenden Landauer zu sitzen – ich denke insbesondere an eine Fahrt nach Schloß Favorite – und sich unter der Obhut des alten Herrn zu wissen. Aber wie gern brachten wir diese kleinen Opfer – wenn es welche waren – angesichts der großen Güte und Liebe, die er uns beiden bezeigte!

Nun aber begann die gefürchtete Zeit der Trennung. Der Kronprinz fuhr nach Potsdam zurück, ich aber reiste für den Winter mit Großpapa nach Cannes. Tägliche Briefe hielten die Verbindung aufrecht, aber auch die

Kronprinz Wilhelm mit Kronprinzessin Cecilie
und Herzogin Marie Antoinette

Sehnsucht wach. Eine große Freude machte mir mein Verlobter damit, daß er sich von Vilma Parlaghy lebensgroß für mich malen ließ, so daß ich ihn wenigstens im Bilde vor mir hatte.

Endlich aber sollte uns ein Wiedersehen beschieden sein. So einfach, wie man es sich wohl denken mag, war das jedoch nicht. Es war nämlich für die damaligen Anschauungen reichlich ungewöhnlich, daß ein Preußischer Prinz sich mit seiner Braut im Auslande traf. Nachdem man sich schließlich über das Grundsätzliche der Frage geeinigt hatte, wurde Florenz als Treffpunkt gewählt. Ein neues Hindernis erhob sich, als am Tage vor unserer geplanten Abreise plötzlich Mama erkrankte. Von Berlin aus wurde ein fürstlicher Chaperon vorgeschlagen, doch begnügte man sich auf Mamas Vorschlag mit dem Ehepaar General von Maltzahn, das in aller Eile von Schwerin abfahren mußte.

Es waren zehn unbeschreiblich schöne Tage, die ich mit meinem Verlobten in Florenz verlebt habe. Ich wohnte mit meiner Begleitung im Grand-Hotel an der Piazza Manin, der Kronprinz mit seinen Herren, Hofmarschall von Trotha und Hauptmann von Stülpnagel, in dem gegenüber gelegenen Hotel.

Wie heute noch standen damals auf dem Platze vor meinem Hotel vom frühen Morgen an Blumenverkäufer und boten die schönsten Nelken, Levkojen, Rosen u. a. in ihren Körben feil. Jeden Morgen kaufte nun der Kronprinz einen ganzen Korb voll Blumen und trat so beladen zu mir ins Zimmer. Welche Freude eine Braut in solchem Augenblick empfindet, ist höchstens nachzufühlen, nicht aber zu beschreiben! Einmal überraschte mein Verlobter mich außer mit einem Blumenkorb mit einem niedlichen

Lupettospitz; er war schneeweiß, hatte schwarze Nase und Augen und war frisiert wie ein kleiner Löwe. Er ist mir jahrelang ein treuer Kamerad und eine lebende Erinnerung an die schönen Tage in Florenz gewesen.

Wir besuchten natürlich auch die Museen und die bedeutendsten Sehenswürdigkeiten der wunderschönen Arnostadt. Ich fürchte jedoch, daß unsere Aufmerksamkeit, sehr zu Miß Kings Leidwesen, nicht immer auf die zu besichtigenden Kunstgegenstände gerichtet war. Ein Brautpaar durch ein Museum zu führen, ist eben von vornherein ein undankbares Unterfangen!

Zweiundzwanzig Jahre später haben wir das uns in so liebem Gedächtnis gebliebene Florenz wieder aufgesucht und die alten Erinnerungen aufgefrischt. Wir wohnten nun zusammen im Grand-Hotel, der Wirt gab uns dieselben Zimmer, die ich seinerzeit bewohnt hatte. Und während alle anderen Räume umgebaut worden sind, ist der grüne Ecksalon, in dem wir damals so schöne Stunden verlebt hatten, unverändert geblieben. Und so kam es uns, wenn auch nur für Augenblicke, vor, als ob wieder das Jahr 1904 auf dem Kalender stünde.

Es begann nun bald die Zeit des Abschiednehmens. Zuerst in Cannes. Mama gab noch eine große Soiree für alle unsere Bekannten an der Riviera. Unendlich viel gute Wünsche zu meiner bevorstehenden Hochzeit durfte ich annehmen, auch viele schöne Geschenke wurden mir bereits überreicht. Zum Abschied fanden sich dann auf dem kleinen Bahnhof zahlreiche Verwandte und Freunde ein und bereiteten mir eine ebenso herzliche wie schmeichelhafte Ovation.

Die letzte Zeit vor der Hochzeit sollte ich eigentlich in Schwerin bei meinen Geschwistern verleben. Da aber im

Schloß die Windpocken herrschten, lud mich Großmama Marie nach Raben-Steinfeld ein. Der Kronprinz besuchte uns dort oft und verlebte auch Ostern mit uns zusammen. Diese Zeit, die wir als Brautpaar unter der liebevollen Obhut meiner Großmutter verbrachten, steht mir in unvergeßlich schöner Erinnerung. Im täglichen Verkehr mit ihr, in ihrem eigenen Hause, durfte ich ihr in diesen vier Wochen besonders nahe kommen.

Ich sagte eingangs schon, daß Großmama Marie eine stille, innerliche und bescheidene Frau war. Ihre Größe lag nicht in äußerem Auftreten und in Repräsentation, sondern in ihrem warm empfindenden Herzen als Frau und Mutter sowie in ihrem feinen Verständnis für soziale und charitative Aufgaben, darin ähnlich meiner Schwiegermutter. Sie war in ihrer schlichten echten Art, mit ihrer Menschenfreundlichkeit und Würde eine Frau, die den deutschen Fürsten Ehre machte, eine von denen, deren Erinnerung im Herzen ihrer Familie und trotz aller Umwälzungen auch in ihrem Volke weiterleben wird.

Wie erstand durch Großmamas Erzählungen, aber auch durch ihr eigenes Leben und Wesen, die große Zeit meines Großvaters vor meinem geistigen Auge! Groß, weil es die Zeit war, da die deutschen Stämme endlich ihre Zwistigkeiten begruben und sich im neuen Kaiserreich die Form für ihr staatliches Leben schufen. Groß aber auch deshalb, weil damals Menschen lebten und wirkten, die durch ihr reines hohes Menschentum weit hinaus leuchteten über die Landesgrenzen und, ob Fürst oder Gelehrter, General oder Pädagoge, der Welt zeigten, wie das wahre Deutschtum sich zu geistigen Schöpfungen emporrang.

In dieser Zeit konnten sich auch Persönlichkeiten wie die meines Großvaters und seiner Lebensgefährtin ohne

Schranken in ihrem Volke bewegen, im festen Bewußtsein wechselseitiger unlöslicher Verbundenheit. Wie gern erzählte Großmama von den Spaziergängen, die sie mit ihrem Manne und ihren Kindern durch die Stadt machte, auf denen sie von allen gegrüßt wurden und wo sie oft anhielten, um mit diesem oder jenem zu plaudern und sich teilnehmend nach dem Ergehen des Einzelnen und seiner Angehörigen zu erkundigen! Die Mecklenburger durften wahrlich das Gefühl haben, einem treusorgenden Elternpaar zu begegnen, dem sie schrankenlos ihre Sorgen und Nöte anvertrauen konnten.

Auch von der Kriegszeit 1870/71 erzählte Großmama uns viel. Sie hatte im Schloß alsbald nach Kriegsausbruch eine große Nähstube eingerichtet, in der sie mit Schweriner Damen Verbandzeug nähte und verpackte, um es ins Feld zu schicken. Aus dieser Zeit stammt der Marien-Frauen-Verein. Sie erzählte uns auch mit besonderer Freude, wie sie die Feldbriefe meines Großvaters ihren Kindern und Damen vorlas, und mit welcher hellen Begeisterung die Siegesnachrichten in Mecklenburg aufgenommen wurden.

Auch bei unserer Anwesenheit in Steinfeld erhielt sie häufig Briefe, die sie uns abends vorlas und die uns sehr interessierten. Dies waren die Berichte meines Onkels Adolf Friedrich, der damals gerade eine Expedition durch Afrika machte. Wenn auch aus andere Art, so hat auch er, ebenso wie sein Vater, durch persönlichen Mut und durch hervorragende Leistungen seinem Vaterland und seinem Stande Ehre gemacht.

So bildeten diese vier Wochen in Steinfeld eine Zeit hohen innerlichen Gewinns für mich, an die ich gern und voller Dankbarkeit zurückdenke.

Im Anschluß daran siedelte ich mit meinen Geschwistern nach Ludwigslust über, der unweit Schwerins gelegenen zweiten Residenz. In dem prachtvollen, im Louis-Quince-Stil aufgeführten Schloß verbrachte unsere Familie häufig im Frühjahr und Herbst einige Wochen. Hierher kam nun auch meine zukünftige Oberhofmeisterin, Freifrau von Tiele-Winckler, geb. Gräfin von der Schulenburg, damit ich Gelegenheit erhielt, sie vor der Hochzeit kennenzulernen. Ich war sogleich von ihrem vornehmen und gewinnenden Wesen sehr angetan und schloß mit ihr bald aufrichtige Freundschaft, die allen Zeitenwandel bis auf den heutigen Tag überdauert hat.

Und nun der große Abschied von Schwerin, der Stadt und dem Schloß. Mein Bruder veranstaltete, da die Hochzeit dem preußischen Hofreglement gemäß in Berlin gefeiert werden sollte, in der Hauptstadt einige Festlichkeiten, um dem Lande Mecklenburg Gelegenheit zu geben, von seiner jungen Herzogin Abschied zu nehmen. Ein großes Galadiner für die Landstände, die in ihrer malerischen roten Uniform erschienen, eröffnete den Reigen, ein hübsches Gartenfest im Burggarten und andere Feste folgten.

Und immer wieder Abschiednehmen. Das Herz ward mir schwer. Abschied von der geliebten Heimat, Abschied von lieben Menschen, die meine Kindheit umsorgt und umhegt hatten, Abschied schließlich von dem Schloß meiner Kindheit. Noch einmal ging ich ganz allein durch alle Räume hindurch, stieg noch einmal zu Niklots Denkmal empor, lauschte noch einmal dem Schlag der Uhr, und holte mir schließlich in der Schloßkirche beim letzten Gottesdienst, in stiller Einkehr, die Kraft und den Mut, um den neuen Aufgaben, die mich erwarteten, gewachsen zu sein. Das große tiefe Glück, das mich erfüllte, und das Vertrauen auf eine schöne Zukunft an der Seite des geliebten Mannes ließen mich nun auch den letzten Abschiedsschmerz überwinden.

Am 3. Juni vormittags, bei glühender Hitze, fuhr ich mit Mama und meinen Geschwistern von Schwerin ab. Noch bis zum Bahnhof hatten mich die freundlichen Abschiedsgrüße der treuen Mecklenburger begleitet.

Und nun ging es der neuen Heimat entgegen.

XI.
Meine Hochzeit

Als ich auf meiner Fahrt von Schwerin nach Berlin die mecklenburgisch-preußische Grenze überschritten hatte, verließ ich in Wittenberge, wo ich zum ersten Male preußischen Boden berührte, unseren mecklenburgischen Sonderzug. Hier wurde ich im Namen des Kaisers vom Hofmarschall Freiherrn von Reischach, dem Schloßhauptmann Grafen von Hohenthal-Dölkau und dem Kammerherrn Grafen Kalnein-Kilgis empfangen. Die Herren waren mir für die Dauer der Vermählungsfeierlichkeiten als Ehrendienst zugewiesen. Zum Empfang waren ferner der Kommandierende General des III. Armeekorps von Bülow, der spätere Heerführer im Weltkriege, der Oberpräsident der Provinz Brandenburg sowie die Damen meines neuen Hofstaates erschienen: außer der mir schon bekannten Oberhofmeisterin Freifrau von Tiele-Winckler der Kammerherr Graf von Bismarck-Bohlen und die beiden liebreizenden Hofdamen Gräfin Walpurgis zu Dohna-Schlobitten, spätere Frau von Mutius, und Fräulein Else-Pauline von Helldorff, spätere Frau von Plessen. Nach den Vorstellungen schritt ich mit den Herren meines Ehrendienstes die auf dem Bahnhof aufgestellte Ehrenkompagnie des Infanterie-Regiments Nr. 24 ab. Es war für mich ein überaus feierlicher Augenblick, als ich auf diese Weise der Preußi-

Festzug am Pariser Platz in Berlin.
Herzogin Cecilie von Mecklenburg-Schwerin und
Kronprinz Wilhelm von Preußen
drei Tage vor der Hochzeit am 3. Juni 1905

schen Armee zum ersten Male offiziell gegenübertreten durfte.

Außer meinem neuen Hofstaat, den Herren vom Ehrendienst und den Spitzen der Behörden hatten sich auf dem Bahnsteig auch Vertreter der Brandenburgischen Ritterschaft versammelt, die ihre zukünftige Kronprinzessin als erste auf brandenburgischem Boden begrüßen wollten. Unter ihnen sah ich damals zum ersten Male Freiin Lita von Putlitz, mit der mich in späteren Jahren enge Freundschaft verbunden hat; sie hat mir ihre Freundschaft und ihre unwandelbare Treue bis heute erhalten, so daß ich zurückschauend jenes Augenblicks nur in tiefer Dankbarkeit gedenken kann.

Die weitere Bahnfahrt nach Berlin legte ich im Kaiserlichen Hofzuge zurück, indessen meine Geschwister in ihrem Sonderzuge vorausfuhren. Es war nach der Preußischen Hofsitte schon ein besonderes Zugeständnis, daß meine Mutter mich über die Landesgrenze hinaus bis Berlin begleiten durfte. Unterwegs hatte ich Gelegenheit, mit den mir von den Majestäten und dem Kronprinzen ausgewählten Persönlichkeiten meiner neuen Umgebung nähere Bekanntschaft zu machen. Sie gefielen mir alle ausnehmend gut – die Bestätigung meines damaligen Eindrucks ist die Tatsache, daß uns miteinander die herzlichsten Beziehungen weit über die Dienstzeit hinaus verbinden!

Bei der Ankunft auf dem Lehrter Bahnhof fand großer Empfang statt. »Berlin streut Rosen«: das war das Motiv, das die Reichshauptstadt sich für ihre Ausschmückung gewählt hatte. So war auch die Bahnhofshalle innen und außen über und über mit Girlanden von roten Rosen behangen, ich schritt durch ein mit Rosengirlanden geschmücktes Portal zu der bereitstehenden Galakarosse, und rote Rosen wurden mir auf den Weg gestreut. Wie hat es mich gerührt, als mir jetzt zu meiner Silberhochzeit eine sorgfältig aufgehobene Rose zugeschickt wurde, wie wehmütig wurde mir bei ihrem Anblick zumute, als ich an den Glanz und das Glück jener Tage dachte – und an all das, was seitdem über uns gekommen ist!

Vom Lehrter Bahnhof fuhr meine Mutter mit ihrer Begleitung voraus nach Schloß Bellevue, ich aber folgte in dem Galawagen mit meinen Damen als letzte nach. Auf dem ganzen Wege Rosen, zu beiden Seiten unabsehbare Menschenmengen, die mich in einer Weise bewillkommneten, die mir das Herz höher schlagen ließ.

In Schloß Bellevue empfingen mich die Majestäten mit großem Gefolge, sowie meine und meines Verlobten Verwandten. Als der Wagen in den Schloßhof einbog, präsentierte die dort als Ehrenwache aufgezogene Leibkompagnie des Ersten Garderegiments z.F., die unter der Führung des Hauptmanns Prinz Eitel Friedrich stand, und die Musik intonierte den Parademarsch. Der Kaiser half mir ritterlich aus dem Wagen und hieß mich so gütig willkommen, daß mir das Herz aufging, dann führte er mich die Front der Leibkompagnie entlang. Mit ihren großen Gestalten und ihren hohen Blechmützen boten die Soldaten einen überaus stattlichen Anblick – es schien mir, als wären die »langen Kerls« aus der Zeit Friedrich Wilhelms I. wieder erstanden. Darauf begrüßte mich mein Verlobter, meine Schwiegermutter schloß mich liebevoll in die Arme, meine Mutter und meine Geschwister umarmten mich tief bewegt – ich war glücklich, im Kreise meiner Familie zu sein! Der Kaiserin sah man ihre starke Rührung deutlich an: war es doch ihr geliebter

Ältester, dessen Schicksal heute eine bedeutsame Wendung erhalten sollte, war ich doch die erste Schwiegertochter, die in ihr Haus trat! Wie innige Wünsche mag sie an diesem Tage für unser beider Zukunft zu Gott gesandt haben, und für die Zukunft des Deutschen Volkes!

Nach einem zwanglosen Familienfrühstück verließ uns der Kaiser mit den Prinzen; der Kronprinz begab sich zum Potsdamer Bahnhof, um von dort aus seine Kompagnie zum Königlichen Schloß zu führen, wo er seine Braut empfangen sollte. Unbeschreiblich war der Jubel, mit dem die Berliner ihren Kronprinzen begrüßten. Oft war es ihm und seinen Soldaten kaum möglich, vorwärts zu kommen, alle polizeilichen Absperrungen halfen nichts, – die Berliner ließen sich einfach nicht absperren, sie duldeten niemand zwischen sich und ihrem Kronprinzen. Er wurde unablässig mit Blumen beworfen, seine schöne Vollblutfuchsstute »Violet« wurde über und über bekränzt, und unter nicht endenwollendem Jubel mußte er sich mit seiner Kompagnie den Weg ins Schloß geradezu bahnen.

Es war 5 Uhr nachmittags, als ich, begleitet von der Kaiserin, in der historischen, mit acht Rappen bespannten königlichen Brautkarosse Schloß Bellevue verließ. Eigentlich wäre es das Amt der ältesten Prinzessin des Hauses gewesen, die Braut bei ihrem Einzuge zu begleiten; die Kaiserin in ihrer Güte aber wollte es sich nicht nehmen lassen, ihrer ersten Schwiegertochter auf diesem bedeutungsvollen Wege zur Seite zu sein. Mit uns im Wagen hatte auf dem Rücksitz die Oberhofmeisterin Frau von Tiele-Winckler Platz genommen. Sie war ebenso wie die Kaiserin und ich der Hofetikette entsprechend in großer Abendtoilette.

Unserem Zuge voran ritten vierzig Postillone, die »Wir winden dir den Jungfernkranz« und andere lustige Weisen bliesen. Ihnen folgte altem Brauch zufolge das berittene Korps des Berliner Schlächtergewerks, dann eine Eskadron des Ersten Garde-Dragonerregiments, mit Trompetern an der Spitze. In drei sechsspännigen Wagen folgten Graf Bassewitz, der mecklenburgische Staatsminister, und die Herren meines Ehrendienstes. Unmittelbar vor meinem Wagen ritt eine halbe Eskadron des Regiments der Gardes du Corps, mir zur Rechten der Oberstallmeister Graf Wedel, auf der linken Seite des Wagens der Kommandeur der begleitenden Eskadron der Gardes du Corps. Auf den Trittbrettern des Wagens standen königliche Pagen, vorauf ritten zwei Stallmeister. Den Beschluß des Zuges bildeten die andere halbe Eskadron der Gardes du Corps, die Wagen mit den Damen der Kaiserin und meinen Damen und schließlich eine Eskadron des 2. Garde-Ulanenregiments, ebenfalls mit den Trompetern an der Spitze. Es war der größte Prunk aufgeboten, den der Berliner Hof entfalten konnte.

Unauslöschlich stehen in meiner Erinnerung die Bilder, die sich von Schloß Bellevue ab die Berliner Chaussee entlang zum Brandenburger Tor und die Linden vor meinem Auge abrollten. Rote Rosen bezeichneten wiederum meinen Weg. Hohe Masten waren überall aufgestellt und mit Rosen gekrönt worden, von Baum zu Baum und von Mast zu Mast zogen sich Gewinde aus roten Rosen. Und zu beiden Seiten die Bevölkerung Berlins, die mich mit Jubel und einer Herzlichkeit begrüßte, die nicht überboten werden konnte; die ungeheure Hitze des Junitages hatte sie nicht abhalten können, viele Stunden wartend zu harren. Unvergeßlich sind mir besonders die Reihen

Der Brautwagen mit Herzogin Cecilie und Kronprinz Wilhelm am Brandenburger Tor

der Schulkinder, die zwischen Bellevue und dem Kleinen Stern aufgestellt waren. Die kindliche Freude und der liebliche Anblick dieser frischen Jugend rührte mich unbeschreiblich.

In tiefer Bewegung grüßte ich unablässig nach allen Seiten, von aufrichtigem Dank erfüllt für die überaus herzliche Aufnahme, die mir zu meiner freudigen Überraschung von den Bewohnern der Reichshauptstadt bereitet wurde. Wie lebhaft habe ich später immer, wenn ich mir jene Stunden zurückrief, an die Worte der Königin Luise denken müssen, die sie einige Jahre nach ihrem Einzug in Berlin an ihren Bruder Georg geschrieben hatte: »Erinnerst Du Dich noch der Feier des heutigen Tages, wie bange wohl mir das Herz pochte, als ich den Toren Berlins näher kam und all die Freuden- und Ehrenbezeugungen empfing, die ich dazumal noch nicht verdiente als durch den festen Vorsatz, alles mögliche zu tun, meinen zukünftigen Mann recht fröhlich und wo möglich glücklich zu machen, und dadurch den Beifall des guten Volkes zu verdienen? Ja, bester Freund, es war eine feierliche Stunde für mich, in der ich Berlins Einwohnerin ward!« Genau dieselben Empfindungen hatten unausgesprochen auch mein Herz erfüllt, als ich mich dem Brandenburger Tor näherte und all die bunten Bilder wie im Traume an mir vorüberziehen sah. Auf dem Pariser Platz erwartete mich, wie ich wußte, das offizielle Berlin.

Bald war dieser Augenblick gekommen. Wir fuhren unter Salutschüssen durch das Brandenburger Tor, der Zug hielt, und der Wagenschlag wurde heruntergelassen. Hier stand mit dem Magistrat und vielen anderen Honoratioren der Oberbürgermeister Herr Kirschner und begrüßte mich namens der Haupt- und Residenzstadt Berlin. Er erinnerte an den Einzug der Königin Luise, die ebenfalls eine mecklenburgische Fürstin gewesen sei, wünschte meinem Eingang reichen Segen für mich, für das Königshaus und die Stadt Berlin wie für unser gesamtes Vaterland. Was ich damals in meinen Dankesworten erwidert habe: daß die Erinnerung an den schönen Empfang immer in meinem Herzen fortleben würde, hat sich in vollem Umfang bewahrheitet.

Der Zug setzte sich wieder in Bewegung, und nun ging es Preußens altehrwürdige *»Via triumphalis«*, die Linden, hinunter, an den Spalier bildenden Truppen entlang, vorbei an unübersehbaren Menschenmengen, vorbei an den mit Fahnen und Blumen geschmückten Häusern, am Palais des Alten Kaisers, an der Oper, vorbei auch am Kronprinzlichen Palais, jenem historischen Gebäude, das Friedrich der Große in seinen jungen Jahren bewohnt hatte, wo Königin Luise gelebt hatte und wo Kaiser und Kaiserin Friedrich in ihrer langen Kronprinzenzeit den Berlinern auf sozialem und künstlerischem Gebiete ein Vorbild gewesen waren. Dieses Palais sollte nun auch mein, unser Heim werden, und es ist uns in langen glücklichen Jahren so ans Herz gewachsen, daß ich seinen Verlust wohl niemals ganz verwinden werde.

Die Kirchenglocken begannen zu läuten, die Geschütze schossen Salut – : wir näherten uns dem Schloß. Auf dem Schloßhof ließ der Kronprinz seine dort aufgestellte Kompagnie vor uns präsentieren. Im Vestibül wurden wir vom Kaiser sowie den Prinzen des Hauses empfangen und in den Rittersaal des Schlosses geleitet, wo bereits alle Fürstlichkeiten versammelt waren. Wie froh war ich, als ich unter den Verwandten die liebe alte Groß-

Der Brautwagen

tante von Baden sah und sie mich begrüßte! Darauf folgte die Begrüßung der vielen fürstlichen Gäste. Von meinen Verwandten waren neben meiner ganzen Mecklenburgischen Familie mein Onkel Nikolaus, der Großfürst Michael Alexandrowitsch und meine Tante Miechen, die Großfürstin Wladimir, aus Rußland gekommen. Nach der Vorstellung traten die Majestäten mit mir auf den nach dem Schloßhof gelegenen Balkon des Rittersaales, und wir sahen zu, wie mein Verlobter seine Kompagnie im Parademarsch vor uns vorbeiführte. Es war ein Bild, das mein Herz hoch und freudig schlagen ließ.

Nachdem im Kurfürstengemach die Ehepakten vollzogen worden waren, wurden meine Mutter und ich in unsere Gemächer geleitet. Wir bewohnten das sogenannte Quartier König Friedrich Wilhelms IV., als Schlafzimmer diente mir das anschließende schöne Rokokoschlafzimmer Friedrichs des Großen. Es war ein eigenes Gefühl für mich, in dem Gemach des großen Königs zu wohnen, und ich glaubte es als eine glückliche Vorbedeutung nehmen zu dürfen.

Noch einmal wurden wir am Abend, als wir nach stattgefundener Familientafel an die Fenster traten, von den Berlinern, die sich zu Tausenden auf dem Schloßplatz eingefunden hatten, mit Hochrufen, Tücher- und Hüteschwenken begrüßt. Als ich mich an diesem Tage zur Ruhe begab, konnte ich es in dem frohen Gefühl tun, gern von denen aufgenommen worden zu sein, denen ich von nun an zugehören sollte.

Am nächsten Tage, einem Sonntag, fand Kirchgang im Dom für uns statt, an dem die Majestäten und alle Gäste teilnahmen. Tief ergriff es mich, als Oberhofprediger D. Dryander über das Wort des Apostel Paulus: Einer trage des andern Last, sprach, und die Gemeinde zum Schluß das Lied »So nimm denn meine Hände« sang.

Am Abend dieses Tages fand im Weißen Saale große Galatafel statt. Für uns Damen war diese Festlichkeit mit großen Schwierigkeiten verknüpft, da wir durch die schweren Sammetschleppen in unserer Bewegung sehr behindert wurden. Gehen konnten wir überhaupt nur, wenn die Schleppe von zwei Pagen getragen wurde, und während des Essens mußten die Schleppen über die Stuhllehne gehängt werden.

Das Bild, das sich an solchen Abenden in den hellerleuchteten Festsälen des Königlichen Schlosses bot, war von zauberhaftem Reiz. Der Berliner Hof war unter Kaiser Wilhelm II. sicherlich einer der am besten gehaltenen in Europa. Sein kluger und umsichtiger Leiter, der Oberhof- und Hausmarschall Graf August Eulenburg, wurde von allen Höfen in Etikettefragen – heute nennt man es Protokoll – als Autorität anerkannt. Ein Grandseigneur vom Scheitel bis zur Sohle, durchschritt er bei großen Festlichkeiten mit seinem Stab die Säle, gab überall höflich, aber bestimmt seine Anweisungen und führte mit unendlicher Würde die Befehle seines kaiserlichen Herrn aus.

Man mag in einer Zeit wie der jetzigen, die den Begriff der neuen Sachlichkeit auf den Schild gehoben hat, vielleicht über Hofgebräuche und Hofgepränge lächeln. Aber auch heute noch sehen mir, wie z. B. bei der kürzlich mit größter Pracht gefeierten Hochzeit des italienischen Kronprinzenpaares, daß ein monarchisch gesinntes Volk es versteht und anerkennt, wenn sein angestammtes Fürstenhaus bei großen Begebenheiten althergebrachte Sitten und Gebräuche in schöner Form, auch mit einem gewissen Gepränge, zur Schau trägt. In diesem Geiste wurden die großen Berliner Hoffeste stets veranstaltet. Sie waren vornehm und würdig, auch prächtig, aber niemals verschwenderisch. Peinlichste Sparsamkeit im Alltagsleben ermöglichte es, daß bei besonderen Gelegenheiten ein gewisser Aufwand getrieben werden konnte.

Nach dem Galadiner ließ sich vom Lustgarten her Musik und Trommelschlag vernehmen. Als wir an die Fenster traten, sahen wir, wie unter den Klängen des Yorckschen Marsches ein Fackelzug der Berliner und Charlottenburger Studentenschaft nahte. Es bot ein herrliches Bild, wie sich zu Fuß die Fackelträger, zu Wagen und zu Pferde die Chargierten in großem Wichs mit den Fahnen der Verbindungen in Schlangenlinien über den Lustgarten bewegten, wie sich zu unserer Begrüßung die Chargierten im Wagen erhoben, wie die Schläger geschwungen und die Fahnen gesenkt wurden; unablässig donnerte das Hurrarufen aus den jungen Kehlen zu uns herauf. Unter den vielen Ovationen, die uns in diesen Tagen gebracht wurden, gehört diese mit zu den schönsten, deren ich mich erinnere.

Am Montag, den 5. Juni, empfingen wir vormittags in Gegenwart der Kaiserin in der Braunschweigischen Galerie zwei Stunden hintereinander Abordnungen von Korporationen und Vereinen, die uns Glückwunschadressen und Hochzeitsgeschenke überreichten. Ganz entzückend war vor allem das gemalte Dessertservice, das uns von einer Vereinigung von 450 mittleren und kleineren Städten überreicht wurde. Das ganze war ein überwältigender Beweis für die Anhänglichkeit aller Schichten an das Königshaus und für die freundliche Gesinnung, die uns von allen Seiten entgegengebracht wurde. Bei der großen

Hitze, die auch weiterhin anhielt; war übrigens das lange Stehen bei dieser und den anderen feierlichen Gelegenheiten überaus anstrengend.

Am Abend dieses Tages, dem Polterabend, war Galavorstellung in der Königlichen Oper Unter den Linden; es wurden gegeben der 1. Akt aus »Lohengrin«, den Dr. Karl Muck, und der 3. Akt der »Meistersinger«, den Dr. Richard Strauß dirigierte. Der Zuschauerraum der Oper bot ein wundervolles Bild: in feinster Abtönung von tiefstem Rot bis zu mattem Gelb durchzogen Gewinde von Rosen und Nelken die Ränge und bekleideten die Brüstungen. Die schönen Toiletten der Damen mit dem prachtvollen Schmuck sowie die glänzenden Uniformen vollendeten das malerische und festliche Bild. In der Pause wurde Cercle gehalten, bei dem ich viele Damen und Herren der Gesellschaft und der Ministerien kennenlernte. Ich empfand die freundliche Art, mit der mir alle entgegenkamen, so wohltuend, daß mir die Vorstellungen weit weniger Schwierigkeiten bereiteten, als ich befürchtet hatte.

Der nächste Morgen, mein Hochzeitsmorgen, steht mir unauslöschlich im Gedächtnis. Der 6. Juni war wieder ein strahlend schöner und heißer Sommertag. Zu früher Stunde bereits kam mein Verlobter zum Morgenkaffee, einen riesigen Strauß roter Rosen im Arm. Nicht viel später erschien der neu gefürstete Reichskanzler Bülow, um sich uns in seiner Würde als Fürst vorzustellen. Dann wurde das japanische Prinzenpaar Arisugawa gemeldet, das uns feierlich die Geschenke des Kaisers von Japan überreichte. Dabei ergab sich die eigenartige Situation, daß meine Mutter, die ja eine russische Großfürstin war, und die Japaner keine Notiz voneinander nahmen – lagen

Rußland und Japan doch noch im Kriege miteinander! Nach diesen Empfängen, denen der Kronprinz noch hatte beiwohnen dürfen, mußte er aber einer alten preußischen Sitte gemäß, nach der der Bräutigam am Hochzeitstage der Braut fernzubleiben hat, uns verlassen. Ich blieb im engsten Kreise meiner Familie, nahm mit Mama und Onkel Nikolaus das Mittagessen und versuchte dann etwas zu ruhen, bis das große Ankleiden begann.

Es war eine recht umständliche Prozedur, bis mir mein prachtvolles Silberbrokatkleid angelegt war; die mit silbergestickten Myrten besetzte Schleppe war nicht weniger als vier Meter lang und unbeschreiblich schwer. Als ich fertig angekleidet war, war der Augenblick gekommen, da ich Abschied nehmen mußte von unserer treuen mecklenburgischen Dienerschaft, soweit sie uns nach Berlin begleitet hatte. Da wurde mir das Herz doch etwas schwer, aber ich kämpfte tapfer gegen meine Tränen an, denn den Anblick einer verweinten Braut wollte ich meinem Bräutigam wirklich nicht bieten.

Gegen 4 Uhr trat der Kronprinz zu uns ins Zimmer, und es erschienen die vier jungen Damen, die meine Schleppe zu tragen hatten. Es waren dies, außer meinen beiden Hofdamen, Fräulein Elisabeth von Trotha, die Tochter unseres Hofmarschalls, und Gräfin Irma von Kanitz; meine Oberhofmeisterin mußte rechts, mein Kammerherr Graf von Bismarck-Bohlen links neben der Schleppe gehen. Der Kronprinz reichte mir den Arm, und der Zug setzte sich in Bewegung. Wir begaben uns zunächst in ein kleines Gemach; das sogenannte Chinesische Kabinett, wo seit Generationen den preußischen Bräuten die Königliche Prinzessinnenkrone aufgesetzt wurde; sie war von einem Offizier und zwei Mann vom

Regiment der Gardes du Corps geleitet worden, die sie auch während der Zeit, da ich sie trug, nicht aus den Augen ließen. Hier im Chinesischen Kabinett schmückte mich die Kaiserin unter Hilfeleistung ihrer Oberhofmeisterin Gräfin von Brockdorff eigenhändig mit der Krone und legte mir den historischen Schmuck um. Bei dem Befestigen der Krone wurde das schöne goldene Toiletteservice der Königin Luise benutzt.

Vom Chinesischen Kabinett begaben wir uns in das Kurfürstenzimmer. Dort wurde in Gegenwart meiner Schwiegereltern, meiner Mutter und meiner Geschwister die standesamtliche Eheschließung durch den Minister des Königlichen Hauses von Wedel vorgenommen, der bei derartigen Anlässen als Standesbeamter fungierte. Zum ersten Male schrieb ich hier meinen neuen Namen: Kronprinzessin des Deutschen Reiches und von Preußen. Dieser doppelte Name ist mir stets besonders teuer gewesen und hat mich immer an die Verpflichtung gemahnt, neben der engeren preußischen Heimat auch dem weiteren deutschen Vaterlande mit allen Kräften zu dienen.

Inzwischen hatten sich alle Gäste in den Sälen und Galerien versammelt. Sie schlossen sich nach Beendigung der standesamtlichen Trauung zum großen Hochzeitszuge zusammen, der seinen Weg durch die bekannten historischen Räume zur Kapelle nahm. In der Bildergalerie hatten viele Bekannte, die nicht zur Hofgesellschaft gehörten, Aufstellung genommen. Im Weißen Saal war die aus Veteranen des Krieges 1870/71 gebildete Schloß-Gardekompagnie in ihrer alten friderizianischen Uniform aufgestellt und präsentierte seitwärts mit dem Gewehr. Dort hatte sich auch das gesamte Offizierskorps des Ersten

Kronprinz Wilhelm und seine Gemahlin Cecilie
Berlin 1905

Garderegiments zu Fuß eingefunden, dem der Kronprinz angehörte.

Als wir in die Schloßkapelle eintraten, empfing uns der wundervolle Gesang des Domchors. Oberhofprediger D. Dryander hielt die Traurede, der er die Worte aus dem Buche Ruth zugrunde legte: »Wo Du hingehest, da will ich auch hingehen, wo Du bleibst, da bleibe ich auch. Dein Volk ist mein Volk, und Dein Gott ist mein Gott.« Mit ergreifenden Worten deutete der Prediger den Text auf uns Brautleute und vollzog dann die Trauung. Als wir die Ringe wechselten, begannen vom Lustgarten her sechsunddreißig Salutschüsse zu donnern, die von der Leibbatterie des 1. Garde-Feldartillerie-Regiments abgegeben wurden. Nach Gebet, Vaterunser und Segen war die heilige Handlung beendet: ich gehörte dem geliebten Manne, gehörte dem Preußischen Königshause an.

Nachdem wir in dem Ausbau der Bildergalerie die Glückwünsche des Kaiserpaares und der Fürstlichkeiten entgegengenommen hatten, begaben wir uns in den Weißen Saal, wo die Defiliercour stattfinden sollte. Wir nahmen unter dem Thronbaldachin zwischen dem Kaiserpaar Aufstellung, die Fürstlichkeiten rechts und links vom Throne. Dann begannen in langer ununterbrochener Reihe die geladenen Gäste vor uns zu defilieren, indessen die Musik dazu Polonäsen, Märsche und Lieder spielte. Es war ein wunderschöner Anblick, die Damen mit ihren nunmehr entfalteten Schleppen und dem blitzenden Schmuck, die Herren in den bunten Uniformen, alle tief sich neigend, vorbeischreiten zu sehen.

Nach Beendigung der Cour bewegte sich der Zug, der sich von neuem ordnen mußte, durch die Bildergalerie und die weiteren Festräume zum Rittersaal, wo die Hochzeitstafel stattfand. Nach altem Brauch reichten die Obersten Hofchargen – Fürst von Radolin als Obersttruchseß, der Herzog zu Trachenberg als Oberstschenk, Oberhofmeister Freiherr von Mirbach, Hofmarschall Freiherr von Reischach und Hofmarschall von Trotha – den Majestäten sowie uns, dem Brautpaar, die Suppe und den Wein. Dies schuf wohl eine etwas peinliche Situation für uns, aber mit Humor und Liebenswürdigkeit wurde sie leicht überwunden. Das weitere Präsentieren der Speisen übernahmen dann die Pagen.

Während des Festmahles hielt der Kaiser eine schöne, uns tief bewegende Ansprache. Er redete mich als »meine liebe Tochter Cecilie« an, hieß mich in seinem Hause und seinem Familienkreise mit herzlichen Worten willkommen, erinnerte an meine hohen Vorbilder, an die Königin Luise und die anderen Fürstinnen auf dem Preußischen Thron und wünschte Gottes reichen Segen auf uns herab. Der Schluß dieser Rede machte auf mich den tiefsten Eindruck und ist mir unvergeßlich geblieben: »Gegründet sei Euer Hausstand auf Gott und Unseren Heiland! Wie Er die bedeutendste Persönlichkeit gewesen ist, die ihre leuchtenden Spuren bis zum heutigen Tage auf der Erde hinterlassen hat, welche in den Menschenherzen nachschlagen und sie zwingen, ihnen nachzuleben: so möge auch Euer Lebenslauf dem Seinigen nachstreben! Dann werdet Ihr auch den Gesetzen und Traditionen Unseres Hauses entsprechen. Möge Euer Hausstand ein glücklicher sein und ein Beispiel werden für die junge Generation gemäß dem schönen Satz, den einst Kaiser Wilhelm der Große als junger Mann als sein Glaubensbekenntnis niederschrieb: ›Meine Kräfte gehören der Welt und dem Vaterlande.‹ Nehmt hin Meinen Segen für Euren

Lebensgang!« Diese Worte sind mir gewissermaßen ein Leitfaden für unser gemeinsames Leben geblieben.

Den Schluß der Hochzeitsfestlichkeiten bildete der Fackeltanz im Weißen Saal. Wieder nahmen der Kronprinz und ich den Platz unter dem Thronbaldachin zwischen dem Kaiser und der Kaiserin ein, zu unserer Linken stellten sich die fürstlichen Damen, zur Rechten die Fürsten und Prinzen auf; uns gegenüber nahmen auf einem Podium das diplomatische Korps und die Mitglieder des Hohen Adels Aufstellung. Die Kapellen setzten mit der menuettartigen Musik des Fackeltanzes ein, der Oberhofmarschall Graf Eulenburg in großer Uniform mit dem Marschallstab in der Hand und hinter sich zwölf rotgekleidete, paarweise gehende Pagen mit weißen Wachsfackeln trat auf uns zu und verneigte sich vor uns Neuvermählten. Wir eröffneten darauf den Tanz mit einer tiefen Verbeugung vor den Majestäten und gingen, während der Oberhofmarschall mit den Pagen voranschritt, wie bei einer Polonaise einmal um den Saal, vorbei an den geladenen Gästen, die in dichten Reihen standen. Dann trat ich auf den Kaiser zu und forderte ihn durch Verneigung zum Tanz auf, während gleichzeitig der Kronprinz die Kaiserin aufforderte. Nach diesem zweiten folgte in der gleichen Weise ein dritter Umgang des Kronprinzen mit meiner Mutter und meines Bruders mit mir, dann tanzte ich immer mit je vier Prinzen und der Kronprinz zu gleicher Zeit mit je zwei Prinzessinnen.

Für mich war die Zeremonie, so zauberhaft schön das Bild war, das sich darbot, und dessen Reiz sich keiner entziehen konnte, der es gesehen hat, recht anstrengend; denn meine schwere Schleppe und die Prinzessinnenkrone stellten eine beträchtliche Last dar.

Endlich war alles vorüber, und nun schritten wir, wiederum im großen Zuge, die Pagen mit den Fackeln voran, zu den Brautkammern, wo die Krone mir in feierlicher Form abgenommen und dann von meiner Oberhofmeisterin nach alter Sitte »das Strumpfband«, d. h. ein schmales, mit dem Namenszug der Braut bedrucktes weißseidenes Band verteilt wurde. Wir verabschiedeten uns sodann von unseren nächsten Verwandten, Mama und Miß King halfen mir beim Umkleiden, und nun konnten wir unsere Hochzeitsreise antreten, die uns nach Hubertusstock in der Schorfheide führen sollte.

Eine offene Viktoria brachte uns zum Stettiner Bahnhof. Wir waren überaus stolz, daß wir nun als Ehepaar ganz allein durch die Straßen Berlins fahren durften. Zu unserer freudigen Überraschung erwartete uns an der Bahn der Kaiser mit meinen Schwägern, um uns ein letztes Lebewohl zu sagen. Diesen schönen Brauch hat der Kaiser bei allen späteren Hochzeiten seiner Kinder beibehalten. Nach herzlicher Verabschiedung bestiegen wir unseren neuen Salonwagen und fuhren dem stillen, friedlichen Hubertusstock entgegen, das meine Schwiegereltern uns für die Flitterwochen zur Verfügung gestellt hatten. Der Kaiser und die Kaiserin liebten dieses kleine Jagdschloß sehr und suchten es alljährlich im Herbste auf. Es war sehr behaglich, wenn auch einfach eingerichtet, und so recht dazu geeignet, ein junges Paar gastlich aufzunehmen.

Wie atmeten wir auf, als wir nach all den anstrengenden Festlichkeiten in der idyllischen Stille und Abgeschiedenheit von Hubertusstock anlangten, um dort dem großen Glück unserer jungen Ehe zu leben! Tiefe Dankbarkeit gegen Gott, der uns zusammengeführt hatte, erfüllte unser Herz.

XII.
Bis zur Silberhochzeit

Es war ursprünglich meine Absicht, diese Aufzeichnungen, soweit sie für die Öffentlichkeit bestimmt sind, mit meiner Heirat zu schließen. Da ich aber den Eindruck gewann, daß es richtiger wäre, die Auffassung meiner Kinder- und Jugendjahre in dem weiter gespannten Rahmen eine Entwicklungslinie zu zeigen, so will ich wenigstens in großen Zügen das Wesentliche der folgenden Zeit zusammenfassen.

Fünfundzwanzig Jahre liegen zwischen den geschilderten Geschehnissen und der Gegenwart, fünfundzwanzig Jahre, so reich an Erlebnissen und Erfahrungen, daß dieser Zeitraum mir fast doppelt so lang erscheinen will.

Die ersten neun Jahre unserer Ehe verliefen sorgenlos im Strom der Friedenszeit, in dem ungetrübten Sicherheitsgefühl, das uns die Machtstellung des Deutschen Kaiserreichs verlieh. Das Leben am Preußischen Hofe legte uns manche Pflichten auf, forderte auch manche Opfer, die von anderen jungen Eheleuten nicht verlangt wurden. Das brachte aber unsere Stellung mit sich, und damit mußte man sich abfinden. Der militärische Beruf des Kronprinzen ließ unser Leben meist zwischen Potsdam und Berlin wechseln; eine Ausnahme bildeten nur die zwei Jahre, die er als Kommandeur des Leibhusaren-Regiments mit mir in Danzig-Langfuhr verbrachte – es sind die glücklichsten Jahre unseres Lebens gewesen!

Gott schenkte uns in der Vorkriegszeit vier Söhne, so daß mein Leben reich ausgefüllt war und in dieser Beziehung nicht viel abwich von demjenigen anderer junger Frauen. Wie glückselig war jener Augenblick, als mir der Erstgeborene in die Arme gelegt wurde, wie unbeschreiblich groß die Freude und der Stolz des jungen Vaters über den Sohn und Erben, wie strahlend das Gesicht der treu sorgenden Großmutter über die glücklich erfolgte Geburt des ersten Enkels! Welche Stunden und Tage reichsten Glückes, die jeder jungen Mutter als neue und unerhörte Erlebnisse erscheinen! Segnungen der Mutterschaft, die uns Frauen mit unseren Mitschwestern jeglichen Standes verbinden durch jene zarten Bande gemeinsamer, unaussprechlicher Empfindungen und Erfahrungen!

Es folgten die ersten Jahre der Kinder, mit ihren Sorgen, ihren Freuden und den täglichen kleinen Erlebnissen: winzigen Steinchen vergleichbar, die einmal den Bau des fertigen Menschen ergeben sollen. Worte werden gestammelt, kleine Merkmale und Zeichen deuten auf besondere Charaktereigenschaften hin, die, von Geburt an im Keime vorhanden, der Entwicklung harren. Hier werden Ähnlichkeiten entdeckt, dort wollen Prophezeiungen erfüllt werden, und immer wieder verschiebt sich von Jahr zu Jahr das Bild, wenn jüngere Geschwister sich dazu gesellen und die Kinder sich gegenseitig abschleifen. Oft zeigt sich eine Eigenschaft, die als Charakterfehler wirkt und das Mutterherz mit banger Sorge für die Zukunft erfüllt; dann wieder fühlt es sich beruhigt, wenn rauhe Kanten geglättet worden sind.

Kronprinzessin Cecilie mit Prinz Wilhelm,
dem ersten Sohn 1906

Welche Mutter kennt nicht das Auf und Ab von Glück und Sorge, das die frühesten Jahre ängstlich behüteter Kinder begleitet!

Spielen sich solche kleinen Begebenheiten sonst unbeachtet im engeren Rahmen der Familie ab, so kam ihnen bei uns, wo selbst das Leben in der Kinderstube allgemeines Interesse fand, größere Wichtigkeit zu. Denn das starke Zusammengehörigkeitsgefühl, das zwischen dem Volke und dem regierenden Hause bestand, bedingte eine warme Anteilnahme an dessen Geschick bis ins kleinste. So gab es viele deutsche Familien, in denen die »kleinen Prinzen« durch Wort und Bild im wahrsten Sinne des Wortes populär waren.

Unser Familienleben füllte meine Zeit und meine Kräfte so gut wie völlig aus. Es hätte dies auch der Fall sein müssen, wenn meine Neigung mich nicht bereits auf dieses Gebiet beschränkt hätte. Denn von der hohen Politik wurden mein Mann und ich so gut wie völlig ferngehalten. Anderseits aber lag dem Kronprinzen das Wohl und Wehe seines zukünftigen Reiches zu sehr am Herzen, als daß er nicht hätte bestrebt sein müssen, sich über die Aufgaben, die ihm dereinst gestellt sein würden, gründlich zu unterrichten. Er bat deshalb seinen Kaiserlichen Vater, ihm Einblick in die Regierungsgeschäfte zu gewähren, und trotz der strengen Anforderungen, die der militärische Dienst in Preußen auch an die Prinzen stellte, fand mein Mann doch Zeit, sich eingehend mit politischen Fragen zu beschäftigen.

Da dem Kronprinzen in Preußen und im Deutschen Reich keine Rechte in der Regierung und in der Verwaltung zustanden, so konnte diese Beschäftigung nur informatorischen Charakter haben. Mein Mann hat längere

Cecilie mit ihren Söhnen Wilhelm (stehend)
und Louis Ferdinand, Berlin 1908

Zeit im Oberpräsidium in Potsdam, im Ministerium des Innern, im Finanzministerium und im Reichsmarineamt unterrichtende Vorträge gehört, die zum Teil von den Ministern selbst gehalten wurden; die Arbeit im Auswärtigen Amt sollte später folgen. Auf diese Weise und auch durch den Verkehr mit Politikern aller Parteien hat er sich im Laufe der Jahre wertvolle Einblicke in die Regierungsgeschäfte sowie in die außen- und innenpolitischen Strömungen verschafft. Mit banger Sorge verfolgte mein Mann das Zusammenballen der innen- und außenpolitischen Wolken, die sich am Horizont auftürmten und das feste Bollwerk der preußisch-deutschen Monarchie bedrohten.

Da der Kronprinz infolge seiner inoffiziellen Stellung in mancher Hinsicht tieferen Einblick in die Verhältnisse erhalten konnte, so war es sein heißes Bestreben, seinem Kaiserlichen Vater trotz seiner Jugend von seinen Eindrücken zu berichten und damit zu helfen, wo er nur konnte. Wie oft hat mein Mann sich auch zu mir und einigen seiner Vertrauten über seine Sorgen und Befürchtungen ausgesprochen, so daß auch ich allmählich ein Bild von der damaligen politischen Lage gewann, die für Deutschland bedrohlich genug war. Denn immer enger schloß sich der Ring um uns; zu der französisch-russischen Entente war seit 1907/08 die englisch-russische Entente getreten, während Deutschland nur noch auf Österreich-Ungarn als Bundesgenossen rechnen konnte. So kam es, daß wir trotz unseres glücklichen Ehelebens, trotz mancher Vergnügungen, die das Vorrecht jeder lebensfrohen Jugend sind, wie Tanz, Sport und Jagd, uns des großen Ernstes unserer Lage stets bewußt geblieben sind. Es ist mein Stolz gewesen, daß ich gerade auf diesem Gebiet die Vertraute meines Mannes sein durfte. Dafür vertrat er aber auch, und mit Recht, den Standpunkt, seine Frau hätte sich von jeder politischen Betätigung fernzuhalten, sie sollte ihm nicht weniger, aber auch nicht mehr als eine urteilsfähige Kameradin sein. So bin ich in jenen Jahren dem Verständnis der großen Weltkonstellationen durch Gedankenaustausch, Lektüre und eigene Beobachtung näher gekommen, ohne je die Rolle einer politischen Frau spielen zu wollen.

Ich möchte hier nicht auf Einzelheiten eingehen, auch nicht auf das Jahr 1908, in dem der innenpolitische Konflikt, und nicht auf das Jahr 1911, in dem die außenpolitischen Schwierigkeiten besonders stark in Erscheinung traten. Wir erlebten diese Stürme voller Sorge, jedoch in festem Vertrauen auf die wundervollen Kräfte und Eigenschaften, die das deutsche Volk seit 1871 in dem unerhörten Aufschwung von Wirtschaft und Technik entfaltet hatte. Unsere herrliche Armee, unsere prachtvolle Flotte und das in seiner Tüchtigkeit unerreichte Beamtentum boten nach menschlicher Berechnung die Gewähr, daß unsere Nachbarn nicht leichtfertig über uns herfallen würden. Und da andererseits uns jede Eroberungslust fernlag, hofften wir im stillen, daß uns ein Weltkrieg, von dem seit Jahren überall in Europa die Rede war, erspart bleiben würde.

Mit Freude und Stolz verfolgte ich den Aufschwung unserer Wirtschaft, besonders unserer Handelsschiffahrt und unserer Werften, auf denen Schiff auf Schiff für in- und ausländische Reedereien auf Stapel gelegt wurden. Ich hatte das Glück, in freundschaftliche Beziehung zu Präsident Heineken vom Norddeutschen Lloyd und zu Herrn Carl Ziese, dem Besitzer der Schichauwerke in El-

Cecilie mit ihren ältesten Söhnen

bing, zu treten; ich habe manche interessante und lehrreiche Stunde mit diesen beiden weitschauenden und klugen Männern verbracht. Sie schafften und wirkten beide für Deutschlands Größe, Ruhm und Ehre. Gern bin ich deshalb der Bitte des Norddeutschen Lloyd nachgekommen, den Dampfer »Kronprinzessin Cecilie« auf der Vulkanwerft in Stettin zu taufen und ebenso später auf der Schichauwerft in Danzig den schönen Riesendampfer »Columbus«. Beide Schiffe haben deutschen Fleiß, deutsches Können und deutsche Willenskraft verkörpert und über den Ozean getragen.

Unsere Indienreise 1910/11 brachte meinem Manne und mir große innere Bereicherung, denn wir lernten die Dinge von einem weiteren Horizont aus sehen, als dies zu Hause möglich war. Wir lernten ferner aus eigener Anschauung die ungeheuren Machtmittel des Großbritannischen Reiches kennen, sahen aber auch, was deutsche Tüchtigkeit und deutscher Unternehmungsgeist überall in der Welt bedeuteten. Mit großer Liebenswürdigkeit wurden wir sowohl während unseres gemeinsamen Aufenthaltes auf Ceylon, als auch in Ägypten von den englischen Behörden aufgenommen. In Indien war der Kronprinz sogar während der Dauer seiner Reise Gast des Vizekönigs.

Mir wurde die unvermeidliche längere Trennung von den Kindern dadurch erleichtert, daß meine Schwiegereltern unsere drei Söhne Wilhelm, Louis Ferdinand und den damals ein Jahr alten Hubertus – Friedrich kam erst nach der Reise zur Welt – zu sich ins Haus nahmen. Die Kaiserin betreute die Enkel mit nimmermüder Sorge, und unsere Pflegerin konnte nicht genug davon erzählen, wie liebevoll beide Großeltern die Enkel behütet hätten.

Kronprinzessin Cecilie

Wie oft seien Kaiser und Kaiserin abends an die Betten der Kleinen getreten, um mit ihnen zu beten und ihnen in dieser Feierstunde die Eltern zu ersetzen. Und wie sehr durfte ich mich bei meiner Rückkehr über die Entwicklung freuen, die sich in der Zeit meiner Abwesenheit bei unseren Jungens vollzogen hatte!

Mein Mann fand große Befriedigung in seinem militärischen Dienst, besonders in seiner Stellung als Regimentskommandeur. Er war nach dem Urteil von Fachleuten ein guter Stratege und nahm reges Interesse an großen militärischen Übungen. Auch zeigte er für eine den Forderungen der Zeit angepaßte Verwendung der Kavallerie und für ein zweckmäßiges Exerzierreglement gesundes Verständnis. Aber er war nichts weniger als ein kriegslüsterner Militär, und es ist für mich kaum glaublich, daß gerade mein Mann im Ausland als Kriegshetzer verleumdet worden ist. Seine vielen geistigen Interessen auf dem Gebiete der Literatur und des Theaters, sowie seine große Liebe zum Sport in jeder Form nicht weniger als sein Verantwortungsbewußtsein strafen an sich schon diese Behauptungen Lügen.

Auch das Bild meines teuren Schwiegervaters ist durch die Kriegspropaganda in der gehässigsten Weise verzerrt und verunglimpft worden. Der Kaiser in seiner tiefen christlichen Frömmigkeit, seiner Güte und seiner heißen Liebe zu seinem Volke hat niemals daran gedacht, einen Krieg frevelhaft zu entfesseln. Was hätte ihn überdies auch veranlassen sollen, die wunderbare Entwicklung unseres Vaterlandes, die unter seiner Regierung steil anstieg, mutwillig zu unterbrechen, da Deutschland auf dem besten Wege war, mit friedlichen Mitteln eine Weltherrschaft des Geistes zu erringen?

Wer es so aus allernächster Nähe wie ich erlebt hat, mit welcher festen Zuversicht auf Erhaltung des Friedens der Kaiser sich Anfang Juli 1914 auf die Nordlandreise begab, wer es wie ich erlebt hat, mit welcher Spannung er noch in den letzten Stunden vor Ausbruch des Krieges die Antworten des russischen Kaisers auf seine Telegramme erwartete, die den Frieden erhalten sollten, wer wie ich gesehen hat, wie schwer ihm der Befehl zur Mobilmachung wurde, der wird bis an sein Lebensende nicht begreifen, wie es der Kriegspropaganda gelingen konnte, meinen Schwiegervater der Welt als den Kriegsschuldigen hinzustellen! Niemals ist eine größere und schändlichere Lüge in die Welt gesetzt worden, niemals die Ehre eines großen und friedfertigen Volkes frevelhafter verletzt worden als mit dieser Anklage, die dann sogar noch in einem sogenannten »Vertrage« festgehalten worden ist!

Die Ermordung des österreichischen Thronfolgers und seiner Gemahlin am 28. Juni 1914 in Serajewo traf wie ein Blitzstrahl aus heiterem Himmel in unser friedliches Leben. Wie gebannt standen wir vor der Kunde von diesem Königsmord. Wie verständlich, daß der Deutsche Kaiser seinem Verbündeten, dem greisen Kaiser Franz Joseph, zur Seite stand und seinem ermordeten Freund über den Tod hinaus die Treue hielt! Trotzdem bewahrte die Regierung ihre Ruhe und bemühte sich mit allen Kräften, den Konflikt zwischen Österreich und Serbien zu lokalisieren. Wir hofften zuversichtlich, daß der Donaumonarchie ihre berechtigte Sühne würde, daß aber der Weltfrieden erhalten bliebe. Unglaubhaft schien es uns, daß andere Monarchen sich an die Seite der Königsmörder stellen könnten.

Es vergingen noch vier Wochen bis zum Kriegsausbruch. Der Kaiser trat die Nordlandreise an, wir waren zum Sommeraufenthalt an die Ostsee, zuerst nach Zoppot, dann nach Heiligendamm gefahren. In der letzten Juliwoche folgten Schlag auf Schlag die Noten und Telegramme, die dem Ausbruch des Weltkrieges vorangingen. Am 31. Juli eilte ich nach Potsdam, wo mein Mann schon tags zuvor eingetroffen war, und erlebte nun mit ihm zusammen alle Phasen dieser unvergeßlichen Entscheidungstage. Auch in diesen kritischen Stunden war in der Kaiserlichen Umgebung nirgends Kriegseifer oder gar Kriegshetze zu verspüren. Alle handelten voll tiefen Ernstes, und, was den Reichskanzler betraf, fast erdrückt von dem Bewußtsein der schweren Verantwortung dem Vaterlande und dem deutschen Volke gegenüber.

Nachdem am 31. Juli mittags der Zustand drohender Kriegsgefahr erklärt worden war, begleiteten wir am Nachmittag das Kaiserpaar nach Berlin und verbrachten dort im alten Schlosse an der Spree die schicksalsschweren Stunden des 1. Augusts, die der Mobilmachung vorausgingen – noch immer voller Hoffnung auf Erhaltung des Friedens. Ja selbst nach der Unterzeichnung der Mobilmachungsorder gaben wir alle, auch mein Mann und ich, die Hoffnung noch nicht auf, so unfaßbar schien es uns, daß die Staatsmänner der Gegenseite nicht jede Gelegenheit zur Vermeidung der Katastrophe ausnutzen würden. Die Ereignisse und dann vor allem die Enthüllungen der Nachkriegsjahre haben leider gezeigt, wie sehr wir uns in dieser Annahme getäuscht hatten. Der Krieg brach aus.

Jetzt galt es für jeden Deutschen, durch Einsatz der vollen Persönlichkeit alles zu tun, um dem Vaterlande zu

Das Kronprinzenpaar sportlich

helfen. Mit einem Schlage schien das ganze Leben verändert; ein großes Ziel, ein hoher Lebenszweck erfüllte den Menschen. Deutschland erhob sich wie ein Mann und waffnete sich zu dem ihm aufgezwungenen Kriege.

Die ersten Tage waren erfüllt von ungeheurem Jubel und den begeisterten Kundgebungen, mit denen sich das deutsche Volk geschlossen hinter seinen Kaiser stellte. Vor unserem Palais Unter den Linden stand Tag und Nacht eine ungeheure Menge patriotischer Männer und Frauen, die uns mit ihrem Gesang buchstäblich aus den Betten holten, um uns, wenn wir am Fenster erschienen, ihre Treue und Liebe zu bezeigen. Wie beglückte uns in diesen Tagen der feste Zusammenhalt zwischen dem Volke und seinem Königshause!

Nachdem diese Tage verrauscht waren und als auch das Abschiednehmen von unseren Lieben, die ins Feld zogen, insbesondere von meinem Manne, der uns am 3. August verließ, vorüber war, schickte ich mich an, meiner Schwiegermutter bei ihrer Arbeit in der Verwundetenfürsorge zu helfen.

Die Kaiserin teilte jeder ihrer Schwiegertöchter mehrere Lazarette zu, für die wir zu sorgen hatten. Mir wurden anvertraut: das Augustahospital, das Garnisonlazarett und das Hilfslazarett im Kriegervereinshaus zu Berlin, das Lazarett in Bernau und das Erholungsheim in Biesenthal. Wir stellten auch unser Schloß in Oels sofort zur Verfügung und wandelten es in ein Lazarett um, das bis zum Juli 1919 bestehen blieb. Außerdem gründete ich im Kronprinzenpalais eine Nähstube, in der sich Offiziersdamen der Armee und Marine täglich zum Anfertigen von Verbandstoff und Lazarettanzügen zusammenfanden. Es würde zu weit führen, wollte ich erzählen, wie

Kronprinzessin Cecilie,
Kaiserin Auguste Viktoria, die Großmutter der Prinzen,
(von links) Prinz Friedrich, Prinz Wilhelm,
Prinz Louis Ferdinand und Hubertus 1918

reich an Erfahrungen jeglicher Art diese vier Kriegsjahre waren, wollte ich schildern, wie dankbar unsere Feldgrauen waren, wenn ich sie in meinen Lazaretten besuchte und mich bemühte, ihnen eine kleine Freude zu bereiten. Erschüttert über die menschliche Unfähigkeit, wirklich helfen zu können, stand ich an den Betten der Schwerverwundeten, die für Deutschland litten.

In den Kriegsjahren hatte ich auch das Glück, in nähere persönliche Beziehungen zu Frau Dr. Hedwig Heyl zu treten. Sie hatte mit Genehmigung der Kaiserin in den ersten Augusttagen 1914 den Nationalen Frauendienst in Berlin ins Leben gerufen, der jahrelang in der Reichshauptstadt viel Segen gestiftet hat. Frau Heyl hat mir durch häufige Besprechungen einen weiteren Einblick in die brennenden sozialen Frauenaufgaben der damaligen Zeit gegeben, und mein reges Interesse an allen diesen wichtigen Fragen der Gegenwart geweckt. Sie erzählte mir dabei oft von den Kämpfen, die sie in früheren Jahren gemeinsam mit der ihr befreundeten, klugen Kaiserin Friedrich durchgefochten hatte, und wie sie bestrebt gewesen wären, die deutsche Hausfrau zu einer praktischeren und zweckmäßigeren Führung des Haushalts anzuregen. Frau Heyl verdanke ich auch einen Zyklus von Vorträgen, die im Laufe des letzten Kriegswinters im Kronprinzen-Palais gehalten wurden. Namen wie Gertrud Bäumer, Elisabeth Lüders, Alice Salomon, Anna von Gierke sagen hinreichend, wie inhaltsvoll diese Vorträge waren, an denen auch die Kaiserin manchmal teilnahm. Denn meine Schwiegermutter wußte gleich mir, daß zum Verständnis der großen sozialen Fragen mehr gehört als nur ein warm empfindendes Herz und guter Wille; gewisse fachmännische Kenntnisse sind unbedingt erforderlich. So ist sowohl die persönliche nahe freundschaftliche Beziehung zur Frau Hedwig Heyl, als auch die Fühlungnahme mit allen sozialen und wichtigen Fragen ein großer Gewinn für mein Leben geworden.

Meine Schwiegermutter war während des Krieges unermüdlich beim Besuch der Lazarette; unzählige Städte Deutschlands suchte sie auf, und wohin sie kam, verbreitete sie Trost und Liebe. Ich weiß es aus dem Munde vieler Verwundeter, daß sie den Besuch der gütigen Kaiserin wie den ihrer eigenen Mutter empfanden. Und sie selbst hatte das Gefühl, daß es ihre Kinder waren, ihre Schutzbefohlenen, denen sie aus überquellendem Herzen Gutes tun und Liebe erweisen wollte.

Niemals werde ich die stillen Kriegsgebetstunden P. Conrads in der Kaiser Wilhelm-Gedächtniskirche vergessen, die meine Schwiegermutter mit mir besuchte. Wie verstand es dieser gottbegnadete Prediger, seiner Gemeinde Trost zuzusprechen, wie wortgewaltig flehte er um Kraft zum Durchhalten, wie ernst mahnte er uns, unsere Pflichten zu erfüllen, wenn sie auch noch so schwer wären!

Auf den stürmischen Vormarsch unserer Feldgrauen des ersten Sommers folgte der lange Stellungskrieg. Immer mehr Gegner erwuchsen uns in der Welt; zuletzt standen nicht weniger als 29 Staaten gegen Deutschland und seine drei Verbündeten im Felde, mehr als 40 Millionen Ententesoldaten kämpften gegen 22 Millionen der Mittelmächte. Meinem Mann war die Führung der V. Armee übertragen worden, die bei Longwy, in den Argonnen, in der Marneschlacht und dann in der Champagne kämpfte 1916 stand er mit seinen Truppen in der Hölle

Kronprinzessin Cecilie mit ihren Kindern
und Mitgliedern des ehemaligen Kaiserhauses um 1920

von Verdun, im folgenden Jahre übernahm er die Führung der Heeresgruppe Deutscher Kronprinz.

Zwei Töchter, Alexandrine und Cecilie, sind uns in den vier Kriegsjahren geboren worden; sie sind der Sonnenschein unseres Hauses geworden. Zur Taufe unserer kleinen Alexandrine konnte mein Mann infolge der Kriegslage nicht nach Hause kommen. Als ich ihn dafür in seinem Hauptquartier in Stenay besuchte, erlebte ich am Morgen des zweiten Tages einen schweren Fliegerangriff, während dieses Gebiet bisher von Fliegern verschont worden war. Zwei Stunden lang bombardierten nicht weniger als vierundzwanzig Flugzeuge unser ungeschütztes Haus, einhundertsechzig Bomben sind nachher gefunden worden. Drei braven Posten und mehreren Zivilpersonen in der Stadt kostete der Angriff das Leben, wir selbst blieben wie durch ein Wunder bewahrt. So furchtbar die Stunden waren, so wenig möchte ich dieses Kriegserlebnis in meinen Erinnerungen missen. Hatte Gott mich doch mit meinem Manne zusammen diese Stunden der höchsten Gefahr erleben lassen, und hatte ich doch so, wenn auch gewiß nur in beschränktem Maße, eine Vorstellung von den Schrecken gewonnen, denen der Frontsoldat stündlich ausgesetzt war!

Zu Hause wuchs indessen die wirtschaftliche Not, alles wurde knapp. Zunächst die Lebensmittel. Auch in unserem Haushalt legten wir uns von Anfang an große Beschränkungen auf. Die Kaiserin ging mit großartigem Vorbild voran und verbot an ihrer Tafel alles, was irgendwie an Luxus erinnern konnte. Allmählich aber stieg die Not ins Unerträgliche. Die Hungerblockade schloß sich wie ein eiserner Ring immer enger um die Verbündeten. Es trat großer Mangel an jeglichen Nahrungsmitteln ein,

Kronprinz Wilhelm mit seiner Gemahlin Cecilie um 1930

und unter den Kindern setzte ein furchtbares Sterben ein. Mehr als 700 000 Menschen aus der Zivilbevölkerung fielen der Hungerblockade zum Opfer. Jeder ersehnte bei uns das Ende des Krieges, aber keiner, der sein Vaterland liebte, verlor bis zum Herbst 1918 die Zuversicht auf den glücklichen Ausgang.

Das Eingreifen der frischen, glänzend ausgerüsteten amerikanischen Truppen wurde unser Verhängnis. Dazu kamen die Umtriebe in der Heimat. So kam das Furchtbarste, was Deutsche in zweitausendjähriger Geschichte erlebt haben. Es kam die Revolution. Es kam der Waffenstillstand. Es kam schließlich das Diktat von Versailles. Diese Ereignisse sind so tragisch, daß es mir noch heute nicht möglich ist, darüber zu sprechen.

Ich erlebte die Novembertage bei meiner Schwiegermutter im Neuen Palais zu Potsdam. Groß und aufrecht sehe ich sie vor meinem geistigen Auge stehen. Sie ließ sich nicht zu Boden werfen durch die Wucht der Ereignisse. Sie dachte in ihrer selbstlosen Art nicht an sich, sie dachte nur an ihr Deutschland, an den geliebten Mann und an ihre Kinder. Nur einmal hörte ich sie tieftraurig klagen: daß sie nun ihre Fürsorgetätigkeit an den ihr teuren Anstalten und ihre Pflichten als Landesmutter aufgeben müßte.

Sie war von rührender Sorge um mich erfüllt. Aus Furcht, es könnte meinen Kindern und mir etwas geschehen, wollte sie, daß ich mich aus der Nähe der unruhigen Hauptstadt entfernte und mit ihr nach Holland führe, wo sie mit ihrem Gemahl die Verbannung teilen wollte. Ich weigerte mich aber, aus Deutschland, ja aus Potsdam fortzugehen, denn ich wollte das Vaterland gerade in seiner schwersten Zeit nicht verlassen. Unsere

Kinder sollten deutsch erzogen werden, in der deutschen Heimat aufwachsen und auch unter veränderten Verhältnissen ihrem Volke nicht entfremdet werden. Die Kaiserin sah dies auch ein und fuhr ohne mich in die Fremde. Sie schied schweren Herzens von uns, ihren Kindern und Enkeln. Nie wieder sollte sie die geliebte heimatliche Erde betreten.

Für meinen Mann lagen die Dinge anders als für mich. Da die neue Regierung seine weiteren Dienste im Heer zurückgewiesen hatte, blieb ihm nichts anderes übrig, als vorübergehend ins neutrale Ausland zu gehen. So folgten nun die fünf Jahre der Trennung und der Verbannung auf der holländischen Insel Wieringen in der Zuidersee. Ich brauche nicht zu sagen, wie schwer diese Jahre in jeder Beziehung für uns waren. Wenn mein Mann das Hausen auf der kleinen öden Insel in primitiven Verhältnissen hat überstehen können, ohne seine seelische Spannkraft einzubüßen, verdankt er das allein seinem jugendlich gestählten Körper und seiner philosophischen Lebensauffassung, die er sich im Laufe der Jahre angeeignet und die ihm über manche Verzagtheit und Verbitterung hinweggeholfen hat.

Mir war, wie so vielen Frauen während der Kriegsjahre, die Erziehung der Kinder fast allein zugefallen. Dieser unnatürliche Zustand verlängerte sich nun noch um die lange Zeit der Verbannung meines Mannes in Wieringen. Ich sollte vor allem meinen heranwachsenden Söhnen die feste Hand des Vaters ersetzen, während doch die Mutter recht eigentlich die vermittelnde Rolle im Hause übernehmen soll. Ich bemühte mich, die Söhne zu tüchtigen und einfachen Menschen zu erziehen, die dermaleinst als echte Deutsche ihren Mann stehen sollten. Durch die Verhältnisse gezwungen, mußten wir den vorzüglich eingerichteten Hausunterricht aufgeben und die Kinder eine öffentliche Schule besuchen lassen. Wenn naturgemäß auch der Unterricht weniger gründlich und vielseitig wurde als zu Hause, so hatte er doch den Vorteil, daß unsere Söhne von Jugend auf mit den verschiedenartigsten Menschen zusammenkamen und dadurch lernten, sich in das Denken anderer hineinzufühlen und sich auch durchzusetzen, was den Charakter stählt. Es war eine ganz andere Erziehung als bisher am Preußischen Hofe, aber ich hoffte, daß auch sie ihre Früchte tragen wird. Dankbar gedenke ich derer, die mir bei dieser schweren Aufgabe mit Rat und Tat geholfen haben.

Unsere Söhne stehen nun bereits alle im Leben, und unendlich dankbar dürfen wir Eltern uns ihrer Entwicklung und der frischen und zielbewußten Art erfreuen, mit der ein jeder nach seiner Eigenart das Leben anzupacken versteht.

Es war uns zwar möglich, jährlich auf einige Tage nach Wieringen zu fahren, doch erlaubten die engen Unterbringungsmöglichkeiten in der Pastorie ein längeres Verbleiben nicht. Wie wehmütig war es jedesmal für uns, wenn wir Abschied nahmen und den Gatten und Vater wieder einsam auf der Insel zurücklassen mußten! Das Einzige, was uns tröstete, war die reizende Art, mit der die Wieringer Bevölkerung meinen Mann behandelte. Es war eine aufrichtige Freundschaft, die den Kronprinzen mit der Fischerbevölkerung verband. Die Bürgermeister taten alles, was sie konnten, ihm die schweren Jahre zu erleichtern, und niemals werden wir es den Familien Peerebom und Kolff vergessen, mit welcher rührenden

Fürsorge sie meinen Mann und auch mich, wenn ich zu Besuch kam, betreut haben.

In diese Zeit fielen die schwere Krankheit der Kaiserin und ihr schließlicher Heimgang. Als ich sie im August 1920 das letztemal in Doorn besuchte, wurde ihr das Gehen schon so schwer, daß sie gefahren werden mußte. Sie war in tiefer Trauer um ihren geliebten jüngsten Sohn Joachim und sah unendlich zart und schmal aus. Sie war gütig und liebevoll wie immer, ja vielleicht war sie in der fremden Umgebung noch weicher geworden. Denn wenn Haus Doorn auch wohnlich ist und sie ihre liebsten Erinnerungen in ihren Zimmern um sich hatte, es half doch alles nichts: sie und der Kaiser waren in der Verbannung, im »Elend«, wie es die Deutschen früher nannten. Schwer litt sie unter dem Schicksal, von der Heimat getrennt zu sein. Als ich Abschied nahm und mein letzter Blick ihre liebe Gestalt unter der Tür des Hauses umfing, da sagte mir mein Herz, ich würde die treue Mutter hier auf Erden nicht wiedersehen.

Der letzte Winter der Kaiserin war ein ununterbrochenes Siechtum, bis endlich ihr Herz still stand und sie ausgelitten hatte. Wie einst der Königin Luise, war auch der Kaiserin Auguste Viktoria das Herz über dem Unglück ihres Vaterlandes gebrochen. Doch war jene mitten unter ihrem treuen Volk als angebetete Königin heimgegangen, die Kaiserin aber in der Fremde, in der Verbannung, ihres Thrones verlustig, ihrer landesmütterlichen Aufgaben und Pflichten beraubt. Wahrlich ein erschütterndes Los!

Die Heimfahrt und Beisetzung der verewigten Kaiserin ist noch in jedes Deutschen Erinnerung. Die Treue und die Liebe, die sich da noch einmal an ihrem Sarge offenbarten, machte manches wieder gut. Die Blumen-

Cecilie mit ihrer Familie: dem Kronprinzen Wilhelm und ihren sechs Kindern Wilhelm, Louis Ferdinand, Hubertus, Friedrich, Alexandrine und Cecilie

sträuße, die noch jetzt Tag für Tag am Antiken Tempel zu Potsdam niedergelegt werden, sind ein beredtes Zeugnis dafür, daß die Treue in deutschen Landen nicht gestorben ist.

Auch die fünf langen Jahre auf Wieringen nahmen schließlich ein Ende, und der Kronprinz konnte dank dem Eintreten einsichtiger Politiker in Berlin nach Hause zurückkehren. Wir nahmen unser Familienleben in Oels und Potsdam wieder auf, allerdings unter völlig veränderten Verhältnissen. Doch wenn wir auch schweren Herzens viele Pflichten haben aufgeben müssen, wenn auch uns Fürsten die offizielle Stellung nicht mehr gehört, so haben wir doch etwas unendlich Wertvolles gewonnen: das rein Menschliche. Wir kommen mit Menschen in Berührung, die uns bis dahin durch die Verhältnisse ferner blieben, und genießen dankbar all die Anhänglichkeit und Liebe, die uns entgegengebracht werden. Denn wir wissen: Wer jetzt zu uns hält, der meint es aufrichtig. Das ist ein wunderschönes Bewußtsein.

Unser heißes Bestreben ist es, dem Vaterland zu dienen, wo es nur möglich ist, über alle politischen Wirrnisse und über allen Parteihader hinweg, und unsere Kinder zu deutschen Männern und Frauen zu erziehen. Unsere Zukunft steht in Gottes Hand. Ihm wollen wir vertrauen, daß Er sie so gestaltet, wie es uns zum Heile und dem Vaterlande zum Wohle gereichen wird.

Große historische Ereignisse haben unser aller Leben derart verändert, daß ich manchmal das Gefühl habe, als gehörte meine Jugendzeit in das Reich der Einbildungen. Aber wenn auch äußerlich so vieles anders geworden ist, wenn auch der innerliche Mensch zu manchen Dingen eine andere Einstellung gewonnen hat, so glaube ich doch, daß, je älter ich werde, ich mich immer mehr den Ursprüngen meines Wesens nähere.

Ich bin der Überzeugung, daß ein Mensch Zeiten der Stürme und allgemeiner Schwankungen nur überstehen kann, ohne Schaden an seiner Seele zu nehmen, wenn er sich selbst treu bleibt. Das heißt, wenn er die Wesensart, die die Grundlage seiner Lebensbahn bildet, beibehält und zur höchstmöglichen Vollendung ausbaut. Das schließt nun nicht aus, daß der Mensch sich verständnisvoll dem Guten, das jeder Wandel der Zeiten mit sich bringt, gegenüberstellen soll. Aber gewisse Grundsätze darf er nicht ableugnen, sonst gerät er selbst ins Schwanken und verliert in der Wirrnis der Meinungen und Auffassungen den inneren Halt, bis sie ihn schließlich verschlingen.

Unter diesem Gesichtspunkt sehe ich die Geschehnisse meines Lebens sich vor mir abrollen. Das Schicksal hat wechselvolle Ereignisse über meinen Lebensweg dahinbranden lassen. Ist es mir gelungen, sie mit Gottes Hilfe so zu erleben und zu verarbeiten, daß sie nutzbringend gewesen sind? Ist das Ziel noch unverändert in Sicht? Das sind Fragen, die zu beantworten das Suchen und Streben eines ganzen Lebens sein kann. Den wenigsten unter uns ist es wohl gegeben, volle Klarheit zu erlangen, und es ist eine besondere Gnade, wenn ein Mensch hier auf Erden sich dessen voll bewußt wird. Wieviel mehr müssen wir uns bemühen, alles was wir erleben, alles was wir beginnen, unter diese entscheidende Frage zu stellen! Denn es kommt letzten Endes nur darauf an, wie wir Prüfungen und Schicksalsschläge bestehen, auf daß es nicht an unserem Lebensende heiße: gewogen und zu leicht befunden.

Bildnachweis

Preußischer Kulturbesitz, PK, Bildarchiv: Frontispiz: Kronprinzessin Cecilie (1886-1954)

PK, Bildarchiv: Seite 9, 11, 19, 189, 200, 208, 213, 216, 223, 230, 232, 235, 249, 243, 248

Generalverwaltung des vormals regierenden Preußischen Königshauses: Seite 31, 237, 241, 253

Paul I. v. Rußland
(1754—1801)
⚭ Sophie Dorothea v. Württemberg
(1758—1828)

Nikolaus I. v. Rußland
(1796—1855)
⚭ Charlotte v. Preußen
(1798—1860)

Alexander II. v. Rußland
(1818—1881)
⚭ Marie v. Hessen
(1824—1880)

Alexander III. v. Rußland
(1845—1894)
⚭ Dagmar v. Dänemark
(1847—1928)

Nikolaus II. v. Rußland
(1868—1918)
⚭ Alix v. Hessen
(1872—1918)

Wladimir Alexandrowitsch
(1847—1909)
⚭ Marie v. Mecklenburg-Schwerin
(1854—1920)

Kirill Wladimirowitsch
(1876—1938)
⚭ Viktoria v. Sachsen-Coburg
(1876—1936)

Maria
(1907—1951)
⚭ Karl VI. v. Leiningen
(1898—1946)

Kira
(1909—1967)

Wladimir
(1917)
⚭ Leonida
v. Bagration-Mukhrani
(1914)

Wilhelm
(1906—1940)
⚭ Dorothea
v. Salviati
(1907)

Louis
Ferdinand
(1907)

⚭

Friedrich Wilhelm
(1939)

Michael
(1940)

Marie Cécile
(1942)

Kira
(1943)

Georg Friedrich Ferdinand
(1976)

Friedrich Franz I.
v. Mecklenburg-Schwerin
(1756—1837)
⚭ Luise v. Sachsen-Gotha
(1756—1808)

Friedrich Ludwig
(1778—1816)
⚭ Helene v. Rußland
(1784—1803)

Paul Friedrich
(1800—1842)
⚭ Alexandrine v. Preußen
(1803—1892)

Friedrich Franz II.
(1823—1883)
⚭ Auguste v. Reuß-Schleiz
(1822—1862)

Friedrich Franz III.
(1851—1897)
⚭ Anastasia v. Rußland
(1860—1922)

Friedrich Wilhelm III.
v. Preußen
(1770—1840)
⚭ Luise
v. Mecklenburg-Strelitz
(1776—1810)

Wilhelm I.
(1797—1888)
⚭ Augusta
v. Sachsen-Weimar
(1811—1890)

Friedrich III.
(1831—1888)
⚭ Victoria
v. Großbrit. u. Irland
(1840—1901)

Wilhelm II.
(1859—1941)
⚭ Auguste Viktoria
v. Schleswig-Holstein-
Sonderburg-Augustenburg
(1858—1921)

Wilhelm
Kronprinz
d. Deutschen Reiches
u. v. Preußen
(1882—1951)

Friedrich Franz IV.
(1882—1945)
⚭ Alexandra
zu Braunschweig-Lüneburg
(1882—1963)

⚭ Cecilie
v. Mecklenburg-Schwerin
(1886—1954)

Hubertus
(1909—1950)
⚭ Magdalena
v. Reuß
(1920)

Friedrich
(1911—1966)
⚭ Brigid
Guinness
(1920)

Alexandrine
(1915—1980)

Cecilie
(1917)
⚭ C. K. Harris
(1918—1958)

Louis Ferdinand
(1944—1977)
⚭ Donata zu Castell-Rüdenhausen
(1950)

Christian Sigismund
(1946)

Xenia
(1949-1992)

Cornelie Cécile
(1978)

Historische Geschenkbuchreihe

Anna von Sydow
Gabriele von Bülows Töchter
Leben und Schicksale der fünf Enkelinnen Wilhelm von Humboldts aus Briefen und Tagebüchern gestaltet
DM 28,-/öS 204,-/sFr 26,-/€14,40
ISBN 3-7338-0239-X

KOEHLER & AMELANG